Studies on China's Export Credit Insurance

中国出口信用保险问题研究

贾广余 ◎著

经济管理出版社
ECONOMY & MANAGEMENT PUBLISHING HOUSE

图书在版编目（CIP）数据

中国出口信用保险问题研究 / 贾广余著. —北京：经济管理出版社，2020.6

ISBN 978-7-5096-7209-9

Ⅰ. ①中⋯　Ⅱ. ①贾⋯　Ⅲ. ①出口信用保险—研究—中国　Ⅳ. ①F842.685

中国版本图书馆 CIP 数据核字（2020）第 108289 号

组稿编辑：任爱清

责任编辑：任爱清

责任印制：黄章平

责任校对：董杉册

出版发行：经济管理出版社

（北京市海淀区北蜂窝 8 号中雅大厦 A 座 11 层　100038）

网　　　址：www. E-mp. com. cn

电　　话：(010) 51915602

印　　刷：三河市延风印装有限公司

经　　销：新华书店

开　　本：720mm×1000mm /16

印　　张：9

字　　数：166 千字

版　　次：2020 年 7 月第 1 版　　2020 年 7 月第 1 次印刷

书　　号：ISBN 978-7-5096-7209-9

定　　价：68.00 元

前　言

　　无论是发达国家还是发展中国家，都不同程度地采取了各种优惠措施来帮助出口企业防范风险、降低成本、获取融资，以促进本国对外贸易的发展。作为一种政策性金融工具，出口信用保险以鼓励本国企业扩大出口，开拓国外市场为出发点，对本国企业的出口和对外投资提供经济保障。加入世界贸易组织（WTO）后，我国任何形式的直接出口补贴都在禁止之列，而出口信用保险作为世界贸易组织（WTO）补贴和反补贴协议原则上允许的支持出口政策手段之一，则成为今后中国用于替代原有支持出口政策的主要手段。国际金融危机后，在世界经济波动和下行压力的趋势下，国家间的贸易竞争加剧，部分国家的贸易保护主义加强，中国低附加值出口产品面临的贸易摩擦逐年增加，传统出口市场面临饱和，开拓新市场，调整贸易结构，促进贸易升级转型成为中国出口亟待解决的问题。作为目前国际通行的出口贸易促进方式，出口信用保险的发展情况、理论基础、出口信用保险对中国出口贸易增长的拉动效果如何，为达到国家稳定外需，推动经济持续增长的战略目的，更好地促进和保障企业出口，如何充分利用好出口信用保险等一系列问题是当前摆在我国决策层和理论层的重要课题。相对于发达国家，中国的出口信用保险事业还处于发展阶段，其中，存在的问题还需要政府、出口信用保险机构本身及企业三方共同努力解决。对这类问题进行研究既具有理论价值，同时也具有实际意义。

　　尽管国内外学者从不同角度出发在理论及实证上对出口信用保险进行了十分广泛而详尽的探索，但仍存在一些不足。为此，本书在前人研究的基础上，拟展开以下四个方面的研究，力图有所突破和创新。

　　第一，国外的相关研究基本上都是分析出口信用保险比较成熟的发达国家，很少有针对发展中国家的研究。在西方发达国家，政府对于出口信用保险的经营方式、模式设计等均比较完善，出口信用保险规模大，经验数据丰富，出口企业认可程度高。然而，对于一个典型的发展中国家来讲，中国处于传统经济向现代经济转变的过程中，出口信用保险在我国起步较晚，近些年的发展也是基本上借鉴发达国家出口信用机构的做法。结合具体实际，出口信用保险在中国的发展状况是什么样的，进一步扩大出口信用保险覆盖面的必要性，如何更好地利用出口信用保险来优化出口产品结构等一系列问题是国外理论分析及实证检验所不具备的。

第二，尽管国内学者也进行了大量研究，但从整体上来看，大多数都是对其作用的定性描述，且对国外出口信用保险的研究大多是从立法、机构定位、模式选择等宏观角度分析，是对国外先进制度的引进和消化的层面基础上展开的分析，因此，研究成果都是基于对国外制度的研究和考察上；进行实证分析研究的还较少，并且实证分析未探寻其背后的机制，即使是有学者给出了相应的解释，但大多数的解释也只是从某一个角度进行，较为零散。近年来成果日益增多，且研究不断深入，但总体上研究水平仍有待进一步提高。

第三，就出口信用保险的理论基础而言，无论是国内还是国外的文献研究，尚没有完整的理论体系和权威的研究成果，本书从市场缺陷理论、出口政策性金融理论、信息经济学理论、福利经济学理论、政治经济学理论等角度系统分析了出口信用保险根植的基础；并且分析了中国实施出口信用保险的效用成本，总体上初步构建了出口信用保险分析的理论框架。通过运用经济学理论分析发现，信息不对称和供求的双重正外部性等因素是造成中国出口信用保险市场渗透率低、保费和赔付率偏高等问题的重要原因，是易导致出口信用保险市场陷入"需求不足，供给短缺"市场失灵的一般成因。如果没有国家干预的制度供给，出口信用保险将会面临较大危机。

第四，在实证分析方面，国内文献的研究多数是采用时间序列进行分析。然而，中国出口信用保险的发展，特别是中国出口信用保险公司成立以来，仅仅在一二十年的时间里，利用时间序列来研究会存在样本数量偏小的问题；同时，中国幅员辽阔，以总体均值的资料无法反映地区在发展上的差异性。相对于应用时间序列研究时所受的限制，面板资料可有效地解决对小样本数据的估计与分析问题，能得出更加可信和稳定的结果。而且利用面板数据模型可构造和检验比以往单独使用横截面数据或时间序列数据更为真实的行为方程，用以研究个体间的差异和时期间的差异，得出更加深入的分析结果；除此以外，国内外文献鲜有实证研究出口信用保险对出口贸易促进的分行业分析。因此，在实证分析部分，本书主要从三个层面上予以逐步分析。首先，基于全国数据的分析，是中国出口信用保险的发展对出口总体状况促进的实际效果估测与分析；其次，基于省际面板数据的分析，研究了出口信用保险在中国地区发展上的差异及出口促进效果；最后，基于行业数据的分析，针对中国出口信用保险重点扶持的机电产品和高新技术产品，检验了这两类产品出口及竞争力状况与中国出口信用保险扶持的相关性。而在基于全国数据的分析中，本书又分别针对出口信用保险的两个重点指标进行了分析：一是中国出口信用保险承保额与出口额的相关性分析；二是针对出口信用保险的另一重要指标——渗透率，构建计量模型，对中国出口贸易促进效果进行了实证研究。在分析方法上，考虑到以往研究的局限性，采用面板数据及时间序列数据，多方的利用严谨的计量方法进行分析。实证分析结果显示，出口信用保险承保额和渗透率的增长对中国出口贸易具有比较明显的正效应，而渗透率的促进效果更加明显；中国各地区出口信用保险的承保与相应地区出口额均有正向关系，但从作用系数来看，东部地区出口信用保险对出口的促进作用要明显强于中西部地区，而中部地区又略高于西部地区；中国出口信用保险对机电产品和高新技术产品的保险承保额与相应出口贸易额和产品竞争力之间存在长期稳定的均衡关系，且承保额对出口额的弹性系数明显高于全国数据层面上的承保额对出口额的弹性系数，促进作用更为明显，体现了中国出口信用保险公司对重点行业的支持力度和效果。

综上，首先，本书以出口信用保险的产生和国内外的发展状况为分析背景，以国家干预主义等相关理论作为理论支撑的基础，对中国出口信用保险进行了市场失灵分析和效用成本分析；其次，在此全面分析的基础上，采用时序及面板数据，针对出口信用保险不同的指标并且分区域、分行业，运用计量模型，探讨了出口信用保险政策在促进出口贸易中的影响效果；最后，在分析制约出口信用保险发展的主要因素的基础上提出相应的政策建议。

目　录

第一章
绪　论

　　出口信用保险是指信用保险机构对企业投保的出口货物、服务、技术和资本的出口应收账款提供安全保障机制。它的保险标的是出口贸易中国外买方信用风险，保险人承保在经营出口业务过程中国内出口商因进口国（进口地区）方面的政治风险或进口商方面的商业风险而遭受的损失。它是政府为了支持出口，支持企业走出去，防范收汇风险，增加国家外汇收入而建立的政策性保险业务，由财政提供保险准备金并且是非营利性的。

　　出口信用保险的发展已有100年的历史。许多国家和地区政府把它视为一种经济助推器，为达到促进经济增长，刺激出口、增加就业和本国外汇收入的目的，不惜投入巨大的资金和人力，对出口信用保险加以扶持。由于出口信用保险具有事前预警和事后补偿的功能，许多出口企业希望通过出口信用保险给出口收汇提供安全保障，并且把它视为开拓海外市场的保护伞和风向标。因此，出口信用保险在国际经济交往中扮演着越来越重要的角色，被公认为当今国际贸易的促销手段，倍受各国政府和出口企业的青睐。

第一节　问题的提出

　　出口信用保险是世界贸易组织规则允许的贸易促进措施，是各国政府支持出口、防范收汇风险的国际通行做法。出口信用保险诞生于 20 世纪初的欧洲，在发达国家发展迅速，尤其是在第二次世界大战以后。随着经济的发展和世界贸易的增长，20 世纪 60 年代，众多发展中国家也纷纷建立了自己的出口信用保险机构。目前，出口信用保险已成为世界大多数国家支持出口的一个重要手段。自金融危机爆发以来，出口信用保险作为促进和保障出口贸易发展的政策性金融工具，其所具有强大的、不可或缺的保障功能得以凸显。

中国出口信用保险起步较晚，特别是在 2001 年中国出口信用保险公司成立并正式运营后，中国的出口信用保险业务才得以迅速发展。在激烈的市场竞争中为使中国出口企业立于不败之地，消除出口企业后顾之忧，中国采取措施积极推动出口信用保险业务的发展。特别是近年来为配合国家"走出去"战略，充分发挥出口信用保险对出口贸易的支持作用，中国出口信用保险公司推出了中长期出口信用保险等业务。在国家的"一带一路"倡议和世界各国贸易摩擦日渐加剧的背景下，出口信用保险将对我国的经济增长和出口促进发挥越来越重要的作用。

但是，中国出口信用保险对出口贸易的支持力度与中国作为世界第一大贸易国的地位相差较大，与国际信用保险行业存在一定差距，其发展过程中还存在一些问题。充分认识和了解出口信用保险，是中国出口信用保险发展的前提。

由于出口结算方式的多元化和国际贸易竞争的加剧，出口企业面临的商业风险和政治风险剧增，这在很大程度上阻碍了中国出口贸易的进一步发展。据商务部抽样调查显示，目前中国出口业务的坏账率高达 5%，几乎是发达国家平均水平的 10 倍以上。中国政府为此采取了一系列措施如出口补贴、出口退税、出口信贷等来帮助出口企业防范风险、获取融资、降低成本。但是随着经济全球化的进一步加深与发展，政府各种鼓励出口的措施越来越受到限制。因此，出口信用保险在中国应运而生，这也是当今世界通行的鼓励出口、世界贸易规则允许的重要措施之一。

总之，中国出口信用保险就是在这种复杂的、特定的国内背景和国际环境下产生的，它是出口企业发展的有力保障，也是中国出口企业提高竞争力的桥梁。为了更深入了解出口信用保险的重要性，下面将详细地分析中国出口企业所面临的国内及国际环境。[①]

一、政治风险与商业风险同时存在

无数的战争、骚乱、罢工等政治因素在过去的 100 年中给出口商造成了很大损失。这些政治风险发生后往往是无法补救的，风险的发生也是出口商无法预料的。政治风险直接影响到国际贸易的开展，正是由于国内的政治风险和低效率的机构设置使中东和北非国家在参与世界经济时受到了很多的限制[②]。同时，由于世界经济不景气，各国每年都有许多企业破产，海外客户偿付能力普遍降低，出口贸易的商业风险无处不在。根据德国联邦统计局的数据，自 2001 年以来的 10 年多内，德国每年申请破产的企业都在 3.2 万家以上，2003 年破产达到高峰点 39320 家，这就意味着每不到 15 分钟就有一家企业破产，近几年来虽有所好转，但每年也有近 2 万家企业破产。如此众多企业的破产也无疑会产生很多的坏账。出口企业往往无法判断进口商是否濒临破产边缘，是否存在资金困难。但一旦发生，出口企业将遭受巨大损失，甚至也可能导致破产。所以为了能够转嫁贸易风险，出口企业需要第三方提供收汇保障。

二、越来越灵活的国际贸易支付方式导致出口商风险加大

出口贸易支付方式多种多样，有的属于商业信用（例如，承兑交单（Document against Acceptance，D/A）、付款交单（Document against Payment，D/P）、赊账（Open Account，O/A 等），有的支付方式则属于银行信用 [例如，（信用证 Letter of Credit，L/C）]。据统计，在 20 世纪 60~70 年代，85% 以上出口贸易使用信用证结算，而到了 90 年代，只有 18% 的出口贸易使用信用证结算，信用交易以 O/A 最多。然而目前，信用证仍是中国出口企业普遍采用的一种控制风险的手段。据统计，中国大约 80% 以上的

---

① 蔡赟. 中国出口信用保险与企业出口竞争力 [D]. 厦门大学硕士学位论文，2007。

② Meon, P.-G. and K. Sekkat. Does the Quality of Institutions Limit the MENA's Integration in the World Economy? [J]. The World Economy, 2004 (27): 1475-1498.

出口是通过信用证方式结算的；而在发达国家情况却恰恰相反，80%以上的出口是通过非信用证方式结算。但是随着中国加入世界贸易组织（WTO），国际贸易竞争的加剧，全球性买方市场趋势的形成，非信用证的支付方式已成为主流，且由于 L/C 手续过于繁杂、审查过于严格，增加了进口商的成本，越来越多的进口商要求其他灵活的支付方式。因此，进口国的社会稳定程度、买家的资信状况、外汇兑换的宽松程度等因素对出口企业的出口信心及市场竞争力影响都很大。如果没有一个有效的保障机制，单凭出口商自己去了解买家的国家风险和商业风险，再由于专门人才和技术的缺乏，那么不仅成本太高，而且往往难以做出正确的判断。这样一来，更加削弱了企业的出口竞争力。

三、出口退税率的下调导致部分出口企业利润减少且竞争力下降

2003 年，出口退税率按我国出口结构平均调低了 3 个百分点，主要调低或取消了国家限制出口产品和部分资源性产品的出口退税率。2006 年 9 月 14 日，财政部、国家发展改革委员会、国家税务总局、海关总署、商务部五部委联合发出通知，调整部分行业的出口退税率，其中，高耗能类、制造类和煤炭、天然气、纺织品等资源类行业出口退税率下调，高科技、农产品行业上调；将玻璃、水泥出口退税率由 13% 下调 2 个百分点。为实现"十一五"期间单位国内生产总值（GDP）能耗下降 20% 的目标，2010 年下调了部分产品的出口退税率。近几年为了应对金融危机和国际市场需求减弱等诸多因素，虽然国家提高了部分产品的出口退税率，但在政府财政、企业创新等方面有很大的实施局限性。

出口退税是不少外贸企业很大一部分的利润来源。出口退税率的下调，将直接导致外贸企业利润的减少，会提高出口企业的成本和定价，从而降低出口产品的价格竞争优势和市场竞争力。据有关机构计算，出口退税率每下调 3 个百分点，出口成本将增加 4%，也就是说，出口退税率下调实际带给企业的损失超过退税率下调幅度。通常只有提高出口商品的价格水平，出口企业才可以保持原有的利润水平，这必然会减少进口商的利

益，进口合同的履约率会由此而降低，增大了出口商的收汇风险。

四、贸易摩擦和国际竞争压力日益加剧且出口融资渠道不畅导致出口受阻

随着加入世界贸易组织（WTO）和对外贸易的飞速发展，中国与世界各国尤其是与几个主要的贸易国的贸易摩擦也越来越多，已连续多年成为全球遭受反倾销调查最多的国家，仅就 2009 年来说，中国遭遇反倾销调查102 起，涉案金额 116.8 亿美元。据统计，2009 年反倾销已危及中国一般贸易出口 5%～10% 的市场。由此可见，反倾销、特保措施、技术壁垒等非关税壁垒越来越多地被应用，出口企业也因此而遭受越来越大的损失。此外，据中国国际贸易学会常务理事周世俭估计，中国企业由于遭遇国外的技术壁垒限制严重影响了企业的出口，每年因出口受阻而造成的损失金额都高达数百亿美元。而如果通过投保出口信用保险，利用其风险预警及损失补偿功能，企业就可以有效地降低损失。自 2018 年以来，在中美贸易摩擦日益加剧的背景下，出口信用保险更是成为出口企业重要的避险工具。

目前，国际市场日趋饱和，竞争日益加剧，再加上中国出口市场分布过度集中，从而导致出口企业进入市场、扩大交易、维系客户的难度不断加大。此外，由于竞争的加剧，远期信用放账业务增多，导致出口企业资金周转不足，融资需求增强，但由于企业出口结算风险高，银行大都不愿融资，从而导致出口融资渠道不畅，资金周转更加困难，严重影响了出口企业的出口竞争力。因此，企业迫切需要一种金融工具——"出口信用保险"，为其出口保驾护航，提升其出口竞争力，促进企业出口。

综合以上的分析，如何更好地促进和保障企业出口，以达到国家稳定外需，推动经济持续增长的战略目的，充分利用好出口信用保险是当前摆在中国决策层和理论层的一个重要课题。为了更好地充分利用出口信用保险，我们就必须研究出口信用保险发展的一般规律、现状及发展趋势、出口信用保险的理论基础、中国实施出口信用保险制度的成本收益、中国与世界主要发达国家的出口信用保险发展与利用情况、中国出口信用保险对出口贸易促进的经验数据验证等。对这类问题进行研究既具有理论价值，

同时也具有实践意义。

第二节　文献综述

一、国外研究综述

由于国外出口信用保险开始的较早，体系也日趋成熟完善，因此，西方学者较早地开始了对出口信用保险的理论研究和实证研究。

（一）对出口信用保险功能和作用方面的研究

早期的 Eaton 和 Grossman（1986）、Helpman 和 Krugman（1989）研究表明，出口补贴政策作为一种促进出口策略能增加本国的福利；后来的 Abraham（1990）、Abraham Couwenberg 和 Dewit（1992）进行实证研究表明，出口保险这一政策能帮助出口商有效地预防违约风险，但存在的问题是，在一些国家由政府支持的出口保险的运行是以不断增长的预算赤字为代价的；而根据世界贸易组织（WTO）关于补贴方面的条款，类似以补贴为名义的政策都是禁止的，但很多工业国家的官方出口信用机构还是在长期的预算赤字中运行着，Dewit（1996）分析了官方提供的出口信用保险是如何涵盖世界贸易组织（WTO）不允许的政策来达到促进出口的目的，同时有些国家的出口信用保险还隐含了政府的战略目标，例如，出于政治目的而对发展中国家进行带有帮助性质的出口补贴；Bernard 和 Jensen（2004）认为，出口信用保险机构对出口的正向促进是通过收集进口国的市场信息从而降低本国企业进入成本来实现的；Auboin（2009）认为，全球 80%~90% 的贸易依靠银行或其他金融机构提供的某种形式的信用、保险或担保而进行的；Mah 和 Song（2001）、Mah 和 Milner（2005）详细分析了日本出口信用保险，认为日本政府提供的促进对外贸易的出口信用保险服务在全球贸易系统是不被禁止的。Koen（2015）认为，出口信用保险不仅对出口贸易存在促进作业，同时还具有"贸易乘数"的作用。

1. 在理论模型方面

Hideki Funatsu（1986）的"出口信用保险"一文中的模型，验证了出口信用保险是一个补贴出口企业的有效工具，有力增强了国内出口企业防范各种国外市场的政治风险和违约风险的能力。Hideki Funatsu（1992）、Stephens，M（1999）还通过对出口信用保险多方面的深入分析指出，出口信用保险能够转嫁或减少国际贸易中的风险和不确定性，对一国促进出口赢得国际市场有很大的帮助，如果政府能够提供更大的财政支持以及应用适合国情的经营机制将对该国经济发展有很大的促进作用；此外，还有不少学者对此进行了相关研究并对 Hideki Funatsu（1986）模型进行了修正，例如，Louis Eeckhoudt、Henri Louberge 等。2000 年，Filip Abraham 和Gerda Dewit 通过相关模型分析了通过官方出口保险促进出口且这种促进不会扭曲贸易，不会破坏多边贸易体系，并且大多数出口目的地并没有从出口信用保险费补贴里面受益，进而认为世界贸易组织（WTO）和欧盟没有禁止官方出口信用保险是正确的。

2. 在实证分析方面

Arslan 和 S. Wijnbergen（1993）、Faini（1994）、R. Barlow 和 F. Senses（1995）研究了政策补贴措施，并利用时间序列数据进行分析认为，出口补贴能够通过降低产品成本来增加出口企业的利润，从而达到促进出口的目的。Jai S. Mah（2006）则通过实证研究的方法分析了世界上对出口信用保险利用率最高的日本的经验数据，认为由政府提供的出口信用保险补贴并不能促进日本的出口。其分析过程为：他把出口价格相对指数、出口信用保险补贴和国内需求压力作为被解释变量出口的决定因素，首先通过单位根检验验证了相关变量均为一阶单整的，但通过 Johansen 和 Engle - Granger 协整检验之后，解释变量与被解释变量却并不存在协整关系，出口信用保险补贴变量对出口的作用很不明显，且统计上不显著。文章分析原因认为，虽然出口信用保险补贴能够增加日本出口企业的利润，但由于补贴而增加的出口可能会遭到进口国家的行政保护措施，例如，征收反倾销税或反补贴税；Egger 和 Url（2006），Moser、Nestmann 和 Wedow（2008）从实证上分别发现，从长期的角度来看，奥地利和德国提供的出口信用保险促进了贸易的发展。Auboin 和 Engemann（2014）则利用 2005～2011 年全球 70 个国家的双边贸易额和伯尔尼协会统计数据进行实证检验显示，出口信用保险能促进双边国家整体贸易的发展。

（二）关于出口信用保险的经济学原理及发展建议方面的研究

伦敦商学院 Saul Estrin（2000）的研究报告详细讲解了由政府提供的出口信用保险的经济学原理，指出在出口商和出口信用保险提供者之间的信息不对称主要指商业风险，而非政治风险，投保出口信用保险可以看作是向进口国传达质量保证的信号等。Garcia-Alonso、Paul Irvine 和 Antonia Morga（2004）在 Saul Estrin（2000）的研究基础上，把质量看作是造成违约的重要因素，分析了在鼓励对发展中国家进行出口时出口信用担保机构所扮演的角色以及存在的道德风险，指出一旦保险比例过高，由于无法鉴别出口商品的质量，反而达不到鼓励出口的目的，他们的研究为出口信用保险的保险比例为何受限提供了解释。

Koen J. M. van der Veer（2015）研究了欧洲国家的私营出口信用保险和出口贸易之间的关系，在克服数据缺乏的基础上，通过实证分析得出承保短期信用保险的私营出口信用保险对出口贸易有正向的并且在统计意义上具有非常显著的促进作用，为出口信用保险发展模式的改革提供了理论依据。

（三）关于出口信用保险经营模式的研究

Alsem，K. J.（2006）通过对出口信用保险市场运营情况进行研究指出，发达国家政府或出口信用保险经营机构在出口信用保险的经营模式方面都有其独特的方面，他分别对比了英国出口信贷担保署等机构的运营模式，得出出口信用保险的经营模式是根据各国情况的特殊性而分别采取的国家专营、政府委托私营机构经营等模式，并对出口信用保险市场的主要风险、出口信用保险风险覆盖范围等问题做了深入的分析；Christoph Moser（2008）则指出，国际贸易的政治风险越来越成为阻碍国际贸易发展的主要障碍，文章在对德国出口信贷担保局经营模式应用传统的经济模型进行分析后指出，在出口贸易政治风险加大的情况下，政府应该加大对出口信用保险的支持力度，单独靠商业化的运营模式很难满足市场的需求。

(四) 关于出口信用保险费率厘定方面的研究

出口信用保险的保费是保险机构承担风险、决定利润水平的主要考虑因素，也是外经贸企业的重要成本，更是出口信用保险发挥功能作用的基本前提和途径①。在出口信用保险费率厘定方面，关于保险费用在一定意义上等同于期权价格风险贷款与期权定价的关系可以追溯到 Merton（1974）由五因素的期权定价模型（即 BlaCk-Scholes-Merton 模型）可得到保险的价格，运用这种模式定价面临的技术要点是对企业资产的市场价格及其波动性的度量，Gorton 和 Santomero（1990）、Flannery 和 Soresce（1996）、Donald P. Morgan 和 Kevin J. Stiroh（2005）等都在这一方面进行过探讨，并提出用资产的账面价值代替其市场价值。Altman（1989）等较早提出了将财产保险（出口信用保险也是财产保险的一种）纳入寿险的分析框架之中来对保险进行定价。J. p. Morgan、KMV 等机构（1997）按照预期损失定价原则来确定保额损失率，开发了信用度量术，用于风险估值。Donald P. Morgan 和 Kevin J. Stiroh（2005）在这一方面进行探讨和改进，提出用资产账面价值代替企业市场价值的方法对信用保险费率厘定影响因素进行了研究。Mogan（2011）借助预期损失定价原则对保额损失率和风险估值进行分析，设计出费率厘定影响因素框架。

诸多学者的理论和实证研究，为出口信用保险的存在和发展提供了理论依据。

二、国内研究综述

我国学者对于出口信用保险的研究始于 20 世纪 80 年代初。当时出口信用保险在西方发达国家已经蓬勃发展，但对我国而言，还是一种新兴事物。在我国，对这一问题的研究，随着我国出口信用保险业的演变和发展，有着明显的阶段性特征。

---

① 王德宝. 政策性出口信用保险功能的理论及实证研究——兼论中国政策性出口信用保险改革与发展 [D]. 对外经济贸易大学博士学位论文，2017.

（一）对出口信用保险的一般性介绍

20 世纪 80 年代初，出口信用保险的概念刚刚引入中国，而那时，中国还没有任何经营出口信用保险业务的机构。但是，基于西方各国已日趋成熟的信用保险业的运营经验，为了加大支持出口的力度，改变出口结构，1988 年，中国政府决定参照国际惯例，开办出口信用保险业务，中国人民保险公司专门设立了出口信用保险部，受政府的委托负责出口信用保险业务的经营。1994 年，成立了进出口银行，内设保险部经营出口信用保险，从而形成了双轨经营的局面。

因此，这一阶段的研究，基本都是在对西方各国的出口信用保险情况的简要介绍。例如，徐放鸣、魏志峰（1997）考察了法国、意大利、韩国等国家政府对出口信用保险的支持情况。张鸿义（1993）介绍了英国出口信用保险中的综合性短期保险及特定保单险两个险种。方敏（1999）介绍了德国出口商业信用保险的一般运作方式。陈璐（1999）介绍了美国进出口银行的出口信用保险。此外，还有部分学者研究了一些亚洲国家的出口信用保险发展情况，其中，陈中竺（1999）分析了韩国出口信用保险的业务情况及其对韩国出口的作用。朱军、陈艳丽（1994）介绍了印度尼西亚出口信用保险公司主要提供的两种服务及其承保的风险。

（二）对中国出口信用保险经营管理模式的研究

虽然在中国人民保险公司和中国进出口银行陆续开展了出口信用保险业务，但是经营体制一直不顺畅。因此，在这一阶段，我国学者多侧重于对出口信用保险经营管理模式的探讨。总的来看，这一阶段的研究，观点还是比较统一的，各学者大多认为，当时的经营体制不适合出口信用保险发挥其应有的作用，而应该转变经营模式。①

潘水根（1997）认为，应该从我国实际情况出发，发展适合中国国情、具有中国特色的出口信用保险，不可照搬照抄某一国家的模式，应该首先严格对政策性出口信用保险业务和商业性保险业务进行分业经营管

---

① 张溪竹．日法出口信用保险制度比较研究［D］．哈尔滨工程大学硕士学位论文，2007．

理，并在原有机构业务试点的基础上，重新组建一个"财政出资支持、政府监督管理、实行商业经营、国家提供风险担保"的政策性国有出口信用保险公司。金汇（1999）认为，中国人民保险公司和进出口银行两家机构同时经营国家政策性保险，机构重叠、职能交叉，一方面，不利于出口信用国家限额控制和风险控制；另一方面，也不利于配合国家的外贸出口政策，在实际工作中难以体现政策性险种的优势和作用，这种经营管理体制的不顺，制约了出口信用保险的发展。党升亮（2000）对我国出口信用保险体制有关问题进行了思考研究，也认为实行进出口银行和商业保险公司共同经营出口信用保险业务，不利于出口保险业务的发展，应归口经营管理。傅京燕（2000）认为，为了更好地发挥出口信用保险的作用，应组建专门的、独立的出口信用保险机构，并且在管理上国家应成立专门的出口信用管理机构，负责决定出口信用保险赔款准备金的财政投入和信用保险承保的重大方针政策及对经营机构的激励—监督机制的设计。

在这种形势下，2001 年 12 月 18 日，中国在加入世界贸易组织后的第七天，中国政府为深化保险体制改革，规范出口信用保险运作，成立了中国出口信用保险公司（China Export & Credit Znsurance Corporation，SINO-SURE），它是批准设立的全资国有企业，以此来加大对出口贸易的支持力度。在此以后，中国进出口银行和中国人民保险公司的出口信用保险业务予以停办。

（三）对中国出口信用保险功能及业务的研究

1. 对出口信用保险作用的研究

关于出口信用保险的作用，曾筱明（2002）认为，出口信用保险有助于结算方式多样化，提高出口企业在国际贸易市场上的竞争地位和能力，并且能够开拓出口企业融资渠道，强化企业内部控制机制，帮助和指导出口企业拓展海外市场，正确选择买家。苗永清（2004）认为，出口信用保险有利于企业防范和控制国际贸易风险，提高风险管理水平；有利于出口企业采取灵活的贸易结算方式，扩大出口；有利于出口企业获取融资便利，提高企业的资金效益和竞争力；有利于企业"走出去"，开展海外投资；有利于政府灵活实施外贸和产业政策，改善出口贸易结构，推进市场多元化战略。和苗永清的研究类似，于平（2006）阐述了出口信用保险在当代贸易发展中的作用，同时认为利用出口信用保险，可以鼓励企业采用更灵活的支付方式开拓市场，有助于实现出口市场多元化的目标。王晨（2006）将出口信用保险的作用针对企业、银行和国民经济从三个方面进行了总结，其中，对银行和国民经济的作用是其他文献并未明确提出的，她认为，出口信用保险有利于分担银行的放贷风险作用，改变传统的融资模式并有助于提高整体信用风险防范能力；对国民经济的作用为有利于调节国际收支，营造公平的贸易环境和引导产业升级。朱晓垚（2010）通过引入信用成本的概念，提出了计算投保出口信用保险净收益的计算方法和公式，分析结果显示，企业投保出口信用保险从长期来看，企业可以利用信用保险有效控制信用风险，稳定现金流入，增强盈利水平，获得长期稳健发展的保障，并且除了获得利润形式的实物资产之外，信用保险还可以帮助企业提高信用等级；信用等级则是更为宝贵的无形资产，使企业更加容易地取得资本市场的支持和拓展更宽广的市场。

2004 年 6 月，北京大学课题组关于中国经济增长、出口贸易与出口信用保险的研究，说明了出口信用保险对出口贸易、经济增长具有积极的作用，并对其提出了一些建议以便三者共同发展。2004 年 10 月，北京大学中国保险与社会保障研究中心（The China Center for Znsurance and Social Security Research, Peking University, CCISSR）课题组对经济全球化背景下中国的贸易强国战略与外贸风险管理进行研究，通过对中国外贸出口中所面临的风险以及在实施出口产业政策所面临的困境的分析，揭示了出口信用保险在防范外贸风险中的独特优势与作用，并对中国出口信用保险提出了一系列的政策建议。

在实证分析方面，李晓洁、魏巧琴（2010）基于厂商理论对信用风险、出口信用保险与最优出口量之间的关系进行理论分析，论证了信用风险对出口贸易的负面效应以及政府支持的出口信用保险对外贸出口的推动效应；并通过对中国的出口规模和进口国国家信用之间的关系进行实证检验，验证信用风险的负面贸易效应，阐明了对于信用评级下调的发达市场以及绝对信用评级较低、人均收入较低的新兴市场，中国不仅需要而且必须加强发挥出口信用保险的功能。王智慧（2010）对出口退税、出口信用保险、出口贸易三个变量进行了协整分析，并通过 VAR 模型估计以及脉冲响应函数及方差分解的实证分析，得出三个变量存在的协整关系；同时通过两个因素的实证比较，得出出口信用保险虽然在短期内对出口贸易的影响还不够显著，但从长期来看却是显著的，并且要大于出口退税对出口贸易的影响程度。林斌（2013）通过建立出口信用保险与最优出口规模之间的关系，分析了出口信用保险政策调整对中国外贸出口的动态影响。胡赛（2018）以浙江省出口贸易数据为基础分析了出口信用保险影响下的出口贸易高质量发展，优化出口资源配置、提高出口水平。

2. 关于出口信用保险业务的研究

自中国出口信用保险公司成立以来，出口信用保险业务实现了跳跃式的发展，承保额飞速增长。但是由于经营管理不先进、业务设置不合理、不明确等许多问题，使中国出口信用保险的承保率等方面明显与中国贸易大国的身份不相符合，和发达国家对比也是有着很大的差距。因此，近年来，中国学者着重研究中国出口信用保险业务方面的存在问题及发展对策。

刘骁、顾峰（2005）指出，中国加入世界贸易组织（WTO）后，应借鉴 WTO 成员方出口信用保险经营的经验，进一步明确中国出口信用保险机构的市场功能定位。谷祖莎（2005）认为，世界各国都有出口信用保险方面的法律规范，而中国尚未确立；江丽娜（2009）通过对出口信用保险代位求偿制度研究，以期对中国出口信用保险立法提供若干参考。范方志、孙丽军（2003）认为，投保基数过低是当前制约中国出口信用保险发展的突出问题，并为解决这一问题提出了若干建议。邱波（2004）认为，中国应该加快培育商业性出口信用保险市场，拓宽信用业务范围；贾晶（2008）提出了从制度层面及利用金融衍生品等方面的改革措施来推动中国出口信用保险的发展。李晶（2004）和姚星（2006）认为，中国应该在开发险种，降低保费率，改善投保方式、服务水平和质量等方面进一步改造。卢艳秋、朱秀梅（2003）和尹苑生、徐娟娟（2009）认为，中国出口信用保险发展缓慢，与发达国家有很大差距，因此，列举了法国、英国、比利时、瑞士、荷兰、澳大利亚、加拿大等发达国家的出口信用保险的特色，提出中国应该如何借鉴。谢利人和唐淑娥（2007）运用福利经济学的理论分析发现，外部效应等因素是造成中国出口信用保险投保率低、保费偏高、赔付率高等问题的重要原因，因此，提出应通过选择合适的出口信用保险模式；实行对以出口信用保险公司为主的税收优惠和财政补贴制度；完善出口信用保险制度，增强创新发展原动力等措施，促进我国出口信用保险业的发展。曹慧（2008）、荆涛、耿宇亭（2008）和李冰（2009）等对出口信用保险在应对国际金融危机中所起的作用进行了分析并就如何更好地应对金融危机提出了对策性建议。杨栋、谢志斌（2009）将出口信用保险纳入 Ramsey 模型，从信息攫取角度分析中国出口信用保险业发展，结论表明，无论是从长期来看还是从短期来看，信息攫取对出口信用保险发展都存在显著影响，但出口信用保险行业的信息攫取力度仍有待加强。周玉坤（2019）较为全面地总结回顾了中国出口信用保险的发展进程。

在如何进行科学费率厘定方面，杨学进（2004）使用 Black-Scholes 期权定价模型对出口信用保险中的国家风险进行评价并对国家风险费率进行了厘定。陈晓红等（2005）结合 VaR 风险模型，给出了根据信用担保风险确定担保价格的定价方法。

学者研究得出，在中国出口信用保险应用和发展的过程中，我们该去学习和借鉴西方国家在法律规范、经营模式等方面的先进经验。然而，出口信用保险是一项鼓励出口的政策，更是一套运作复杂的业务体系，各国国情不同，我们可以选择和吸取适合中国的经验，却无法全盘的照搬。这就需要对出口信用保险在我国发展的实际情况进行不断的细致分析，才能够得出科学的客观结论，进而提出切实可行的政策建议，为国家经济的持续健康增长提供支持。

三、对国内外研究成果的评价

尽管国内外学者从不同角度出发在理论及实证上进行了十分广泛而详尽的探索，但仍存在以下四点不足：

（一）国外研究尚未完善

国外相关研究基本上都是分析出口信用保险比较成熟的发达国家，很少有针对发展中国家的研究。在西方发达国家，政府对于出口信用保险的经营方式、模式设计等均比较完善，出口信用保险规模大，经验数据丰富，出口企业认可程度高。然而，对于一个典型的发展中国家来讲，中国处于传统经济向现代经济转变的过程中，出口信用保险在中国起步较晚，近些年的发展也是基本上借鉴发达国家出口信用机构的做法。结合具体实际，出口信用保险在中国的发展状况是什么样的，进一步扩大出口信用保险覆盖面的必要性，如何更好地利用出口信用保险来优化出口产品结构等一系列问题是国外理论分析及实证检验所不具备的。

（二）国内研究较为零散

尽管国内学者也进行了大量研究，但从综述上可以看出，大多数都是对其作用的定性描述，且对国外出口信用保险的研究大多是从立法、机构定位、模式选择等宏观角度分析，仍然停留在对国外先进制度的引进和消化的层面上，故研究成果都是基于对国外制度的研究和考察上；对进行实证分析研究的还较少，并且实证分析未探寻其背后的机制，即使是有学者给出了相应的解释，但大多数的解释也只是从某一个角度进行，较为零散。

（三）中国尚未有理论体系

就出口信用保险的理论基础而言，无论是国内还是国外的文献研究，尚没有完整的理论体系和权威的研究成果，本书从市场缺陷理论、出口政策性金融理论、信息经济学理论、福利经济学理论、政治经济学理论等角度系统分析了出口信用保险根植的基础；并且分析了中国实施出口信用保险的效用成本，总体上初步构建了出口信用保险分析的理论框架。

（四）在实证分析上，国内文献的研究多数是采用时间序列进行分析

首先，中国的出口信用保险的发展，特别是中国出口信用保险公司成立以来，仅仅在一二十年的时间里，利用时间序列来研究存在样本数量偏小的问题；其次，中国幅员辽阔，以总体均值的资料无法反映地区在发展上的差异性。相对于应用时间序列研究时所受的限制，面板资料可有效地解决对小样本数据的估计与分析问题，能得出更加可信和稳定的结果。而

且利用面板数据模型可构造和检验比以往单独使用横截面数据或时间序列数据更为真实的行为方程，用以研究个体间的差异和时期间的差异，得出更加深入的分析结果；除此以外，国内外文献鲜有实证研究出口信用保险对出口贸易促进的分行业分析。因此，本书除了采用时间序列构建全国和分行业计量模型并进行比较之外，还利用面板数据资料对中国出口信用保险进行了区域性分析。

第三节　本书的研究方法和内容安排

一、研究方法

研究方法是否适当不仅会对研究成果的水平产生影响，也会决定研究的方向是否正确。为了尽可能揭示出口信用保险的"真实面目"，本书选择的研究方法主要是定性分析和定量分析，但定性分析与定量分析是统一的，相互补充的；定性分析是定量分析的基本前提，没有定性的定量是一种盲目的、毫无价值的定量；定量分析使之定性更加科学、准确，它可以促使定性分析得出广泛而深入的结论。除此之外，还有比较研究、案例分析研究方法等。具体看来：

（一）定性分析研究方法

在对中国出口信用保险现状进行详细分析的基础上，阐述了出口信用保险对一国对外贸易和经济增长的重要作用。系统梳理了出口信用保险基础理论并从不同角度进行经济学分析，同时认为在国际贸易中，尽管自由贸易理论和个人主义的方法论基础大行其道，但国家干预主义仍然普遍存在，所以主要基于国家干预主义的分析强调了国家干预在经济增长中的重要意义。

（二）定量分析研究方法

通过对出口信用保险的不同指标进行研究，构建了计量模型，基于全国数据，采用时间序列实证分析了出口信用保险承保额、出口信用保险渗透率和出口贸易额的相关性；基于行业数据，对中国重点扶持出口的机电产品和高新技术产品进行数据分析，找出了这两类产品出口状况、出口竞争力和中国出口信用保险扶持的相关性；同时利用省际面板资料数据进行了区域性分析。在计量方法的使用上，选取误差修正模型（Error Correction Model，ECM）、自回归分布滞后模型（Autoregressive Distributed Lag，ADL）和面板数据模型（Panel Date）［时间序列数据模型（Time-series Date）/横截面数据模型（Cross-sectional Date）来分析出口信用保险的发展对出口贸易的影响］。

（三）比较研究和案例分析研究方法

通过比较研究的方法，借鉴世界其他发达国家出口信用保险的发展模式及成功经验，力求探索出中国出口信用保险的发展思路；结合案例分析的方法阐述了出口信用保险的重要作用，研究了制约其发展的主要因素，最后提出相应的政策建议。

二、内容安排

从以上分析可以看出，国外的研究所进行的出口信用保险和出口贸易的关系及出口信用保险自身发展的探讨多是针对发达国家成熟市场进行的分析，而尽管国内学者的研究考虑到了中国的实际，但是，由于大部分的研究要么只是几千字的实务性短文，缺乏一定的理论深度，要么只探析某一个方面或只从某一角度出发缺乏一定的完善性，或由于所使用的分析方法的局限性使研究结果缺乏一定的说服力。在出口信用保险研究领域，国内外还没有完整的理论体系和权威的研究成果，也没有很好的理论分析框架。出口信用保险作为一种隐形的或广义的出口补贴，中国实施的成本收益分析也是目前文献中所未涉及的。此外，国内的研究如果没有针对出口信用保险时间序列/横截面数据的研究，就难以区分区域性差异，也就得不到中国实施出口信用保险的运用重点。

本书以出口信用保险的产生和国内外的发展现状为分析背景，以国家干预主义等相关理论作为理论支撑的基础，分析了中国实施出口信用保险的效用成本并从福利经济学等角度进行了深入研究，在此全面分析的基础上，同时采用时序及面板数据，针对出口信用保险不同的指标并且分区域、分行业，运用计量模型，探讨出口信用保险政策对促进出口贸易中的影响效果，并在分析制约出口信用保险发展的主要因素的基础上提出相应的政策建议。

本书共分为五章，结构安排如下：

第一章为绪论，主要是阐明出口信用保险的基本问题；选题背景、研究意义和国内外研究现状综述；研究方法和思路、内容安排和整体结构以及创新和研究的不足。

第二章从出口信用保险的产生和出口信用保险机构的建立出发，对世界典型国家出口信用保险的现状及特点进行了分析研究，通过比较得出值得借鉴的经验；还分析了中国出口信用保险产生的时代背景和发展状况。

第三章是本书的重点章节。首先，就出口信用保险的理论基础而言，无论是国内还是国外，尚没有完整的理论体系和权威的研究成果。本章在国内外学者研究的基础上，主要从市场缺陷、国家干预主义理论、战略性出口贸易理论和政治经济学理论等角度，系统梳理出口信用保险经济理论已达到完善出口信用保险理论的目的。其次，对中国出口信用保险的市场失灵进行了分析，通过运用经济学理论分析发现，信息不对称和供求的双重正外部性等因素是造成中国出口信用保险市场渗透率低、保费和赔付率偏高等问题的重要原因，是易导致出口信用保险市场陷入"需求不足，供给短缺"市场失灵的一般成因。如果没有国家干预的制度供给，出口信用保险将会面临较大危机。最后，出口信用保险其实作为一种隐形的出口补贴而存在的，因而本章分析了直接出口补贴的经济效应，并详细阐述了中国实施出口信用保险的效用成本。

第四章是出口信用保险对出口贸易影响的实证分析，也是本书的重点之处。为了弥补和克服目前实证研究的局限性，本书在方法上采用了面板及时序数据，并分区域、分行业利用多种计量模型进行估测、验证与分析。通过对出口信用保险的不同指标进行研究，构建了计量模型，基于全国数据，采用时间序列实证分析了出口信用保险承保额、出口信用保险渗透率和出口贸易额的相关性；基于行业数据，对中国重点扶持出口的机电产品和高新技术产品进行数据分析，找出了这两类产品出口状况、出口竞争力和中国出口信用保险扶持的相关性；同时利用省际面板资料数据进行了区域性分析。

第五章通过前面章节的理论和实证分析得知，作为国际通行的政策性金融工具，出口信用保险在国际贸易中已被各国普遍使用，而且中国出口信用保险也取得了长足进步，对促进中国对外经贸事业发挥了积极作用。但是，目前中国出口信用保险体制仍存在一些问题，严重制约着中国出口信用保险的健康发展。本章将借鉴国际出口信用保险的成功经验，从政府、出口信用保险公司、出口企业三个不同的角度分析了制约中国出口信用保险发展的主要因素，并结合前面章节的理论和实证分析，给出政策建议。

三、创新与不足

(一) 创新点

第一，从多角度系统分析了出口信用保险的理论基础，并通过经济学分析发现，信息不对称和供求的双重正外部性等因素是造成中国出口信用保险市场渗透率低、保费和赔付率偏高等问题的重要原因，也是易导致出口信用保险市场陷入"需求不足，供给短缺"市场失灵的一般成因。

第二，详细阐述了中国实施出口信用保险的效用成本，并与直接出口补贴、出口退税等出口促进政策相比较，认为出口信用保险制度的实施是以较低的成本产生了较高的收益。

第三，对中国出口信用保险的实证研究。本书基于出口信用保险的全国数据、省际面板数据和行业数据，针对出口信用保险的承保额、渗透率和保费收入等不同指标，实证分析了出口信用保险对出口的促进效果。同时，为了弥补和克服目前实证研究的局限性，在方法上采用了面板及时序数据，并分区域、分行业利用各种计量模型进行估测、验证与分析。

（二）不足之处

第一，就出口信用保险的理论基础而言，无论是国内还是国外，尚没有完整的理论体系和权威的研究成果，同时由于笔者水平有限，该部分的分析是个难点，有待今后的努力。

第二，在实证研究中，由于中国出口信用保险起步较晚，数据的来源、统计分析和规范程度受到限制，且数据量偏少，难以做更进一步的科学分析。

第二章
出口信用保险的起源及发展状况

第一节　出口信用保险的起源

出口信用保险的起源可以追溯至 19 世纪中叶的欧洲国家，例如，法国、德国和瑞士等国内信用风险的保险。但历史上有记载的投保出口信用保险直到 19 世纪后半叶才出现，当时是英国商人向澳大利亚以海船贩运商品的过程中出现投保的。第一次世界大战之后，许多欧洲国家大力发展国际贸易来谋取国民经济的复苏，并开始办理官方支持的出口信用保险业务，于是才有了真正意义上的"出口信用保险"。1919 年，当时世界上最发达的资本主义国家也是最大的出口贸易国英国率先成立了由政府职能部门直接办理出口信用保险业务的出口信用担保局。英国出口信用担保局的成立，标志着世界上第一个官办的出口信用保险机构的形成。1929~1931年世界经济危机爆发后，德国、法国、意大利等多数西方国家效仿英国的做法，相继成立了经营出口信用保险的专门机构并均有政府参与，例如，1926 年德国政府也制订了出口信用保险计划，并委托私营保险机构赫尔梅斯成立出口信用保险公司，以此来大力促进进出口贸易；而法国在 1946 年成立的专门办理出口信用保险业务机构是法国对外贸易保险公司（CO-FACE）。1934 年，为方便交流办理出口信用保险业务的信息，法国、英国、西班牙和意大利的出口信用保险组织发起成立了国际信用和投资保险人协会（International Union of Credit and Investment Insurers，简称伯尔尼协会 Berne Union)。作为多边合作国际经济组织,伯尔尼协会的成员在维护出口和海外投资方面遵循信息共享的规则,密切协作,有力促进了世界进出口贸易的发展。中国于 1998 年加入伯尔尼协会,现由中国出口信用保险公司和中国人民财产保险公司为其正式会员。

由于出口信用保险风险较大,不可预见的因素较多,私营保险人一般认为无力承保,所以早期的出口信用保险业务主要由政府主办。不过经过几十年的发展,随着经营经验的积累,出口信用保险市场也逐步成熟,尤其是进入 20 世纪 90 年代以来,部分西方发达国家逐步加快了出口信用保险业务的商业化进程,有些国家短期出口信用保险体系中的主体逐渐转变为商业性出口信用保险,而政策性出口信用保险则主要承担政策性风险或中长期保险业务,商业性保险一般无力或不愿承担这些项目。

虽然出口信用保险起源于出口贸易,但出口信用保险的发展并不是出口贸易发展的结果,相反,正是出口信用保险积极有效地推动了出口贸易的发展。而且在一国经济发展中随着出口贸易所处地位的不断提高,人们越来越重视出口信用保险的重要性。目前在部分发达国家政策性出口信用保险承保金额虽有所下降,但作用仍是不可替代的。与发达国家相比,新兴的发展中国家政府的出口信用保险机构还扮演着十分重要的角色,这主要体现在鼓励本国货物出口,开拓市场等方面。

第二节　国外典型国家出口信用保险发展状况

第二次世界大战以后,随着经济的发展和世界贸易的增长,在发达国家出口信用保险得到了迅速的发展。20 世纪 60 年代以后,逐渐认识到出口信用保险在促进对外贸易方面所起重要作用的广大发展中国家,也纷纷建立了出口信用保险机构。由于世界贸易组织(WTO)《补贴与反补贴措施协议》原则上允许各国政府运用和实施官方支持的出口信用保险,因此,出口信用保险在世界各国被广泛采用。目前,全球贸易额的 12% ~ 15% 是在出口信用保险的支持下完成的,发达国家达到 20% ~ 30%,日本、英国等国家能达到近50%。作为国际通行为数不多的政策工具之一，出口信用保险已经成为一种贸易促销工具，是国际上公认的支持出口、防范收汇风险的有效手段。接下来，我们分析一下法国和日本等典型国家的出口信用保险发展情况①②③。

一、法国出口信用保险

法国具有一个世界上内容最广泛、最具有侵略性和竞争性的出口信用系统。法国出口信用保险市场占世界出口信用保险市场的近1/5。法国出口信用保险的保费收入占国民生产总值的0.054%，这一比例也是世界上最高的。

（一）法国出口信用机构的设置

法国的出口信用机构主要有办理出口信贷等业务的法国对外贸易银行（Banque Francaise Du Commerce Exterieur，BFCE）和办理出口信用保险业务的法国对外贸易保险公司（COFACE），2016年之后，法国政策性出口信用保险业务转由法国国家投资银行（Bpifrance）经营。

1. 法国对外贸易银行

始建于第二次世界大战前的法国对外贸易银行，1946年被改组成受法国政府控制的出口信用机构。法国政府可以有效地控制其经营活动，并使其贯彻国家产业贸易政策。法国对外贸易银行是股份有限公司，政府通过法兰西银行对其控股。法国财政部长任命法国对外贸易银行的董事长、总经理以及其他董事会成员。20世纪90年代前，出口信贷和混合贷款是法国对外贸易银行的主要业务，政府提供补贴以弥补筹资成本与优惠贷款利率之间的利差亏损，并使之成为法国政府促进出口的有力工具。

经济合作与发展组织"君子协定"的发展逐渐限制了法国对外贸易银

① 王术君. 出口信用论 [M]. 北京：经济科学出版社，2006.
② 张溪竹. 日法出口信用保险制度比较研究 [D]. 哈尔滨工程大学硕士学位论文，2007.
③ 王德宝. 政策性出口信用保险功能的理论及实证研究——兼论中国政策性出口信用保险改革与发展 [D]. 对外经济贸易大学博士学位论文，2017.

行对优惠出口信贷和混合贷款，并使之失去了发展的空间。自 20 世纪 80 年代末起，法国政府决定对外贸易银行开始实施商业化发展模式。1996 年，法国对外贸易银行被国家信用联盟（Credit National）全面收购，国家信用联盟成为唯一股东。国家信用联盟全部的商业银行业务在 1997 年 6 月 23 日经特别股东大会批准转给法国对外贸易银行，新银行提供全面的商业银行业务，并将法国对外贸易银行的名字改为 Natexis Banque。应当说，法国对外贸易银行，已经完成其出口信用机构的使命，全面走向商业化。

2. 法国对外贸易保险公司

法国的出口信用保险经营机构是法国外贸信贷保险公司（COFACE，简称科法斯）。科法斯为目前世界上最大的出口信用保险公司，是一家上市公司。由财政经济工业部对外经济关系总司监管，法国的信贷委员会、外贸银行、国有银行、保险公司和再保险公司是主要股东。当时法国的出口信用保险体系属政府机构控股办理模式，政府对科法斯的控股是通过控制其主要股东的间接方式实现的。法国出口信用保险体制在 1994 年以后则属政府委托私营机构办理模式，其原因是当时的科法斯由于两个主要股东的私有化，间接地改制成为了私营公司。

科法斯有两项基本职能，一是所谓的"法定业务"，即代表国家承办政策性出口信用保险业务。二是所谓的"自营业务"，即经营商业性的出口信用保险业务，主要包括欧盟区内国家的政治风险、普通商业保险和一般贸易汇率保险等。法国对外贸易保险公司（COFACE）的保险项目分为两类：一类是以该公司的名义，承保普通商业险；另一类是在国家账户下办理信贷保险即承保政治险、货币险、特别商业险和灾害险等。后来法国对外贸易保险公司（COFACE）对经营业务进行了调整和扩充，还承保与重复贸易有关的外汇风险和经济合作与发展组织（Organization for Economic Cooperation and Development，OECD）国家（除土耳其以外）的短期政治风险。

(二) 法国出口信用保险体系的发展

法国对外贸易保险公司注册资本 3 亿法郎，成立于 1946 年，是一家国有控股公司，多数股东是银行和保险公司等公共部门公司。法国对外贸易保险公司专门立法，主要包括实施出口信用保险的作用和意义；出口信用保险机构的组织和运作；出口信用保险业务的经营；政府对出口信用保险的监督和管理方式、财政支持等具体内容。法国对外贸易保险公司具有两方面业务：一是为国际贸易提供保险和担保，是被政府授权代表政府管理官方出口信用保险；二是为商业融资交易提供信用保险和担保。1994 年最初作为国营机构的法国对外贸易保险公司实行了全面的私有化改革，向全国的企业提供出口信用保险服务，并在法国各大区都设有地方分支机构；在全球 37 个国家和地区设立了出口信用保险业务网络，通过控股、参股、分支机构和合作等方式，提供统一的服务，并且在提供风险评估和欠款追缴方面，在 93 个国家和地区建立了企业资信调查和追账机构。目前，法国对外贸易保险公司享有提供"慷慨保险"之美称，其完善的服务体系令世界各国的出口商所羡慕，已成为全球最大的出口信用保险公司。法国对外贸易保险公司在 2014 年承保金额达 4096 亿美元，保费收入 10.2 亿美元，财务状况良好。

（三）法国出口信用保险业务

1. 风险险种

法国对外贸易保险公司的保险业务是主要业务之一。根据实际需要，法国对外贸易保险公司调整了所经营的一些保险业务，尤其是随着近几年的发展，其承保范围逐步扩大到包括一些国家的政治风险、成本上升风险以及与重复性业务有关的汇率风险等，不仅仅包括传统的短期商业信用风险。不过，在这些保险业务中，对外贸易保险公司最主要的保险业务还是短期商业信用保险业务。为了支持法国企业扩大出口，法国对外贸易保险公司自成立之日起就代表国家开展包括中长期信贷担保、市场开拓保险担保等在内的出口担保业务。由于这些保险业务风险较大，须由国家提供资金担保，商业性保险公司难以开展此类保险业务，同时对于这类公共业务，法国经济与出口关系协调部和财政部等有关政府部门要对法国对外贸易保险公司进行指导和管理。

具体来看，主要公共业务有两种：

（1）出口信贷担保。出口信贷担保是法国对外贸易保险公司对商业银行的出口信贷提供的中长期信用担保，它是代表政府使用政府基金提供的。由于出口信贷通常可带动部分商业贷款加入出口项目，同时又以国家资信为基础，因此，商业银行从事出口信贷的积极性被大大调动起来，同时也达到了为企业融通资金、促进企业出口和提高出口竞争力的目的。法国对外贸易保险公司实行分账管理，分为政府账户和自己公司的账户，在政府账户上，经营各种出口信用保险和担保；在自己账户上，法国对外贸易保险公司为政治风险和商业风险提供保险和担保，政治风险是针对经合组织内部（土耳其除外）的国家，承保商业风险的时间不超过 3 年。法国对外贸易保险公司通常会在保险市场进行再保险，主要是由于国家不支持这部分保险和担保。保费收入、管理出口信用保险从政府收到的投资收入和补偿金是法国对外贸易保险的资金主要来源。法国对外贸易保险公司提供的服务，业务品种的灵活性适应了出口商的不同需要，尽管存在程序冗长的缺陷。通过不同的赔付标准和保费费率，确保了官方出口信用的政策性功能，有效地将国家信用和信贷补贴落实到具体的融资项目上。

（2）市场开拓担保。这是法国提供政府资金支持，采用由政府通过出口信用保险公司对企业开拓市场的某些行为进行保险的方式来鼓励和支持企业特别是中小企业开拓国际市场和扩大出口。在这种情况下，政府承担起开拓市场的风险，以降低因进行国外推销给企业财务造成的压力，减少出口企业可能出现的经营风险。根据市场开拓程度的不同，这种担保主要有三种类别：一是用于企业探索市场阶段的博览会保险，保险期短，只为一次博览会。企业可在参展前 15 天申请，展后 30 天可从保险公司获得包括展台费、装修费、广告费、差旅费等参展费用的 65% 的补偿。二是用于企业进入市场阶段的简化保险，保险期最长为 2 年。企业为进入某一市场而投入的市场调研费、人员差旅费以及代表处或分公司、代理机构的费用由国家来承担。三是用于企业深度开拓市场阶段的常规保险，保险期最多可达 5 年，国家根据企业费用的合理性和出口实绩来承担企业开销。

在科学准确费率厘定方面，相比其他国家出口信用保险公司，法国对外贸易保险公司（COFACE）在买方数据、买方评级体系、PD 和 LGD① 量化模型和大数据处理等多个费率体系特征上具有绝对优势。法国对外贸易保险公司的业务统计数据如表 2-1 所示。

表 2-1　2011~2015 年法国对外贸易保险公司业务发展情况统计

单位：亿美元

年份 类别	2011	2012	2013	2014	2015
承保金额	3920	3465	3559	4096	3190
保费收入	11.5	11.2	10.8	10.2	10
已决赔款	6.7	7.3	6.3	7.4	6.1

2. 企业资信信息和风险评估业务

出口信用保险业务得以正常、有效运转的重要条件之一需要有完善的信息网络和未付款追账业务。在这方面法国主要做到了以下三点：一是以庞大的进口商信息数据为依据，法国对外贸易保险公司建立健全了一套完整有效的信用风险评估机制，根据进口商资信、进口国别等情况对客户的保险申请进行风险分析，确定风险评级和保险费率，从而做出接受或拒绝客户申请的决定，并且审批时间限制在 5 天之内。二是建立了统一数据库。内容更为丰富的新的统一数据库为风险评估开辟了另一个渠道，该数据库是由法国出口信用机构联合 Kompass 公司共同开发的。三是与国外厂商建立信用共享机制。在 58 个国家设有专门的分支机构的法国对外贸易保险公司，同时还建立了信用联盟网络分布在 93 个国家和地区，有 4600 多个员工为 83000 个客户服务。目前，可提供 5500 万个企业的资信信息，涵盖世界 155 个国家的法国对外贸易保险公司，为出口信用保险的管理和风险分析提供了重要依据，成为全球最大的企业信息服务商之一。就法国对外贸易保险公司的信息管理服务收入而言，2004 年就达 2.36 亿欧元，使其成为仅次于信用保险的第二大收入源。

---

① 违约概率（Probability of Default，PD）；违约损失率（Loss Given Default，LGD）。

（四）法国政府角色定位及对出口信用保险的支持政策

在承保国家账户下的业务时，须向特定的部际组织——担保委员会提出申请，即在承保时要接受法国的有关政府部门的管理和指导。担保委员会的成员一般由财政部对外经济关系司、预算司、财政务司的官员以及外交部、工业部、交通部、农业部、法国对外贸易银行、法兰西银行和法国对外贸易保险公司（COFACE）的官员组成。多数情况下，法国对外贸易保险公司（COFACE）的作用仅限于承保技术方面，而财政部对外经济关系司对承保业务有最终决策权。政府对国家账户下的法定业务的补贴按实际发生的亏损额度实报实销，没有预先的额度限制。而对于自己账下的承保项目，则可自主决定。法国政府对出口信用保险的支持政策体现在以下四点：

1. 管理机构的设置

为对本国出口信用保险业务进行有效管理，法国专门设立了出口信用保险部际管理委员会。由经济财政部牵头组成部际管理委员会，成员由国防部、外交部、农业部等部门组成，履行管理职责的方式是批示书面报告或召开会议，具体职责有四条：一是制定和修改出口信用保险机构的经营方针、经营原则和组织章程等。二是根据国家总体政策，并充分考虑出口企业的具体需要，确定和调整国家限额和国别政策，建议风险基金的增长；如果当年的财政预算不能满足出口信用保险赔偿规模时，部际委员会还负责申请追加预算，其方式是向国会或议会提出增加的理由及陈述其合理性。三是审核并决定出口信用保险费率、业务品种、再保险、重大项目的承保以及其他业务操作规章制度；在制定国家风险限额和国别政策的基础上，一定限额以下的项目风险可授权出口信用保险机构自主承保。四是确定其他的一些重要事项。目前，法国政府任命出口信用保险机构包括董事长兼总经理、审计师等在内的重要官员。

2. 资金支持和减免税待遇

法国出口信用保险公司的业务经营与财政预算挂钩，并没有设立出口信用保险风险基金。经营业务包括为国家承办的国外政治风险业务及中长期业务和由公司自负盈亏的短期出口商业风险业务，其中，为国家承办的业务赔款支出列入国家财政预算支出，业务收入则全部上缴国家财政，列入国家账户。国家财政根据其业绩付给出口信用保险公司相应的手续费，并将相应的行政费用进行核拨。政府在每年年初根据公司的当年预期收入及支出情况汇报编制并批复当年预算，不过出口信用保险公司有时也可以向政府直接申请资金，并且该笔资金的支付不必通过议会，例如，出现巨额赔款等意外情况。

法国出口信用保险公司除了能得到资金支持之外，还不缴纳利润税。

3. 财务与审计监督

政府主管部门批准出口信用保险机构的财务预决算，并且为了监督政策性出口信用保险业务的运作，法国经济财政部专门委派两名官员担任对外贸易保险公司的审计官，他们有权随时对出口信用保险机构的一切账务和文件进行审核。法国对外贸易保险公司可就审计官的否决上诉经济财政部长。

4. 调控政策性与商业机构之间的关系

由于金融危机的暴发及对商业信用保险机构的冲击，也为了稳定出口信用保险业务，从 2016 年始，法国对外贸易保险公司的政策性出口信用保险业务调整给法国国家投资银行。法国国家投资银行则以最后保险人的角色代表政府为出口信用保险商业机构提供再保险业务，也包括法国对外贸易保险公司在内，为其开展业务提供担保和支持，分散风险。

二、日本出口信用保险

日本经济在第二次世界大战后迅速崛起并跃居成当今世界经济大国，成为经济发展史中的"奇迹"。探究其原因，庞大的政府金融和政府主导型的调控经济模式是两个非常重要的因素。日本出口信用作为政府金融的重要组成部分，国家主导型经济的有力工具，在战后日本经济的迅速崛起中所起的作用是巨大的。

（一）日本出口信用机构的设置

日本的出口信用机构主要有三个：一是负责出口信用贷款和担保的日

本进出口银行；二是负责出口信用保险的日本通产省的进出口保险课；三是负责对外援助贷款的海外协力基金。日本通产省代表国家对出口信用进行组织管理。在日本，延期付款在 2 年以上的出口在取得出口许可的前提下，为了得到进出口银行的贷款，须向通产省的进出口保险课申请保险。

1. 日本进出口银行

作为政府金融机构的日本进出口银行于 1950 年建立，用于对日本企业的贸易和投资提供金融支持，以此来鼓励出口，促进海外直接投资，提高出口竞争力。出口贷款、进口贷款、海外投资贷款和联合贷款是日本进出口银行的主要业务。此外，日本公司海外项目的股权投资和私人金融机构担保也是该行提供的业务。日本进出口银行的贷款、股权投资和担保余额在 1998 财政年度末达 1009 亿美元。

作为日本经济发展历史的典型写照，日本进出口银行的发展历史可分为四个阶段：第一阶段是 20 世纪 50 年代日本经济独立和重建时期，此时出口信贷占全部贷款业务的 98%，以支持船舶和成套设备出口为主。第二阶段是在 20 世纪 60 年代，是加强海外经济合作和经济快速发展时期，这个时期以造船为主要支持方向直接贷款占主导地位。第三阶段是在 20 世纪 70 年代，日本促进自由贸易、稳步经济增长和经济国际化时期，该行出口贷款降为 60%，新增加了海外投资贷款、政府贷款和进口贷款。第四阶段是自 20 世纪 80 年代至今的日本经济结构调整时期，进出口银行积极支持转型经济体的经济发展，配合国际社会，平衡国际收支，1998 年海外投资贷款和联合贷款的比例提高到 80%，而出口贷款萎缩至 10%。

政府拨款、从资金来源于日本邮政储蓄的信托基金部借款和在国际市场发债筹集资金是日本进出口银行的资金来源渠道。

1999 年 10 月 1 日成立了日本国际协力银行（Japan Bank for International Cooperation，JBIC），它是由日本进出口银行和日本海外协力基金（Japanese Overseas Economic Cooperation Funds，OECF）① 合并而成的。

2. 日本通产省的进出口贸易保险课

最早于 1930 年开始经营出口保险业务的日本进出口保险课隶属于日本

---

① 日本海外协力基金是为促进同发展中国家合作，日本根据《海外经济协力基金法》于 1961 年 3 月建立的，其宗旨是负责日本对外援助。日本海外协力基金的资金由政府提供。

通产省。目前保险课管理日本贸易和投资保险系统依据的是 1987 年修订的《国际贸易保险法》，其政策导向由日本进出口保险委员会指导。

日本议会确定通产省进出口保险课每年的各种类型保险的限额以及最高业务限额，例如，1992 年，日本通产省的进出口保险课的保险标的最高限额就由议会批准定为 218330 亿日元，其中，一般出口保险和出口收益保险的限额最高，分别为 102790 亿日元和 111510 亿日元，此外，出口票据保险和海外投资保险分别为 1770 亿日元和 1760 亿日元，其他保险 500 亿日元。日本通产省的进出口保险课的长期经营目标是自求平衡，其保费和损失直接贷记或借记国际贸易特别账户。

(二) 日本出口信用保险体系的发展

虽然日本的出口信用保险体系起步较晚，但发展成果显著。在"二战"后日本将贸易立国确立为国家发展战略，为此，通过制定一系列的法律条文和不断改进相关管理机构来对出口信用保险加以保障，并促使其运作的高效和顺畅。1950 年 3 月，日本建立了总的出口保险体系，通过了《出口信用保险法》和《出口信用保险特殊会计法》，并从当年 6 月起开始正式实施。在《出口信用保险法》和《出口信用保险特殊会计法》的基础上，日本于 1953 年 8 月出台了《出口保险法》。接下来，又相继成立了出口保险促进协会并建立了"海外投资保险"。1970 年 5 月加入了伯尔尼协会。1987 年 3 月，建立了"提前支付进口保险"和"中间贸易保险"，引入再保险业务并在外国建立保险机构，同时《出口保险法》被改名为《贸易和投资保险法》。1989 年 8 月，建立了日本贸易和投资保险组织（Japan's Trade and Investment Insurance Organization，JTIO）。2001 年 4 月，日本出口和投资保险组织（Nippon Export and Investment Insurance，NEXI）成立，是独立行政法人。而在此之前，日本出口信用保险一直属于由政府经营的特殊业务。NEXI 负责制定贸易保险制度及具体承保、核保和理赔业务，而且代表政府负责协调交易双方的关系并与国外债务国进行交涉。NEXI 由日本经济产业省负责，该部门下设贸易经济协力局及贸易保险课，除中央通产省之外，地方还设有 14 个通商产业局，负责地方的贸易保险业务。另外，在贸易经济协力局下还设置负责咨询业务的保险审议委员会和

15 个专门负责大量的出口企业的统一保险代理业务的出口商协会。而贸易保险课的一些文字处理及具体事务性工作则由 1989 年设立的 JTIO 代替。近年来，尤其是自 2013 年以来，NEXI 通过修改信保法案，旨在对新兴市场的占领，并对机构的运行模式、宣传手段和保险产品等方面进行改革创新，持续增强出口信用保险对出口贸易的保驾护航，出口额不断扩大，进而也推动着国家的经济增长（如表 2-2 所示）。

表 2-2　2010~2014 年日本出口总额与保费收入情况统计

单位：亿日元

类别 ＼ 年份	2010	2011	2012	2013	2014
出口总额	67788.838	65288.487	63939.981	70856.464	74670.32
同比增速	14.9%	-3.7%	-2.1%	10.8%	5.4%
NEXI 保费收入	34.4	37.7	36.2	40.6	74.6

资料来源：NEXI、日本财政部贸易统计。

在对日本贸易保险体系的分析中，我们可以看到一个非常引人注目的组织就是出口商协会。日本的出口商协会采用会员制的形式为其成员提供综合保险，目前共有 15 个，例如，日本钢铁联盟、日本汽车出口协会和日本化学制品出口商协会等，几乎每个重要出口行业都有协会存在。协会作为保险代理人统一向 NEXI 购买综合贸易保险，协会成员定期向协会交纳会费和一定数额的保险费。协会会员在遭遇贸易风险时，即可享受到一定数额的保险补偿。这种制度对于 NEXI 来说，其好处在于可以降低经营风险的同时取得稳定的保费收入，而且还能避免保险业务中某些投保人购买时的逆向选择现象。对于出口商来讲，他们支出的保费比作为单个企业支付时要小，平时相对较低的保费支付可以换来风险发生后的大额补偿，即使对某一笔业务比较担心，并不会因为已经有了这个综合保险而受到影响，还可以另外再投保。所以，它不仅是日本贸易保险的一个特色，同时也是一个克服保险领域逆向选择问题的非常有效的途径。

（三）日本出口信用保险业务

1. 风险险种

（1）出口信贷。出口信贷的目的是支持日本的出口，包括卖方信贷和买方信贷。卖方信贷是融资业务的核心，是为国内出口商提供出口商品的贷款尤其是出口船舶、成套设备等货物以及出口技术所需的贷款；买方信贷则对外国进口商和银行提供用以购买日本产品的贷款。

（2）进口信贷。随着经济规模的扩大，再加上原料的缺乏，进口原材料和燃料在日本逐年增加，进口信贷就是向国内进口商和有关企业提供进口重要工业原材料和能源物资所需的贷款。进口信贷也呈逐年上升趋势。

（3）海外投资贷款。为了确保日本的资源进口，农、林、水产、采矿业、制造业等生产部门和资源丰富的国家或地区是海外投资贷款主要投向，它对国内企业提供贷款，主要用于海外投资和直接在海外兴办事业。近年来，又可以直接贷款给海外合资企业，还突破了原来只能向日本法人贷款的规定，可以向与日本法人投资有关的外国法人直接贷款。

（4）担保业务。为了诱导和鼓励更多的金融机构从事这些具有较强政策性的金融业务，日本出口信用保险还为其他金融机构提供债务担保或再担保业务，包括向进出口和海外投资发放贷款的金融机构，也包括近年来单独进行海外直接贷款的民间金融机构。

（5）直接贷款。主要是日元贷款，是对外国政府银行以及外国法人提供的贷款。

（6）日本通产省贸易局输出入保险课（Export Insurance Department, EID）承保的险种。EID承保的信用保险额占日本总出口额的45%以上，主要有一般出口保险、出口收汇保险、外汇风险保险、出口票据保险、出口保函保险、中间贸易保险和预付进口保险等。

2. 企业资信信息和风险评估业务

日本是经合组织和伯尔尼组织及巴黎俱乐部的成员，NEXI从这些组织或通过双边讨论或从其他外交渠道得到关于外国政府、外国企业的信息并建立了相应的信用等级体系，这些外交渠道包括国际货币基础组织（International Monetary Fund, IMF）、国际金融组织（International Financial Institution，IFI）、穆迪指数（Moody's）、经济学家智慧（The Economist Intelligence Unit，EIU）和其他组织成员以及国内的研究机构等。这个体系的建立、及时调整（每一年调整一次）为与相关外国企业建立长期信用提供了有效的制度约束，并可以有效地降低承保时的风险，最大限度地保留保费收入。

（四）日本政府角色定位及对出口信用保险的支持政策

日本通产省贸易局输出入保险课（EID）早在"二战"前就依据《出口补偿制度》和《出口前贷款补偿制度》进行经营具有同出口信用保险相类似的经济补偿业务。1950 年，国会通过了《出口信用保险法》，现在 EID 根据 1987 年修订的《国际贸易保险法》经营运作。EID 设有"出口保险审议会"，向通产大臣或大藏大臣提出有关信用保险的意见并负责对出口信用保险的有关重要事项进行调查。

EID 每一财政年度的保费收入和赔款支出分别记在国际贸易保险特别账户的借方和贷方，其最高保险责任限额则由日本议会做出具体规定。以求使保费与赔费大体平衡，EID 须按照日本法律要求以赔款大小定保费收入。当 EID 设立以后，保险人仍是日本政府，出口保险合同全都记在政府的名下，EID 只负责具体办理业务，政府充分保护了日本出口商的出口风险。日本政府对出口信用保险的支持政策具体从以下两个方面得以体现。

1. 财政政策

从日本国际协力银行的资金来源结构来看，除了政府拨付资本以外，该行的绝大部分资金来源于政府借款和回收贷款，政府为银行提供了充足的资本金和稳固的业务融资渠道。此外，该行还可享受免税优惠，再加上大量充足的资本和长期有保证的低成本资金来源，确保了政策性银行的低成本运营。

2. 基金规模

日本贸易保险制度诞生于 1950 年，当年 3 月，日本政府正式颁布了"输出信用保险法"，为日本贸易保险制度提供了法律依据。当时正值日本战后百业待兴之际，振兴出口以获得外汇成为该国经济复兴的重点。贸易保险机构称为"出口信用保险局"设于通产省内，注册资本为 10 亿日元。

2001 年 4 月，贸易保险从政府机构中分离出来，成立了独立行政法人日本贸易保险（NEXI），目前资本金为 2000 亿日元（约 18 亿美元）。

三、典型国家出口信用保险的共同特点

法国、日本等典型出口信用保险国家的出口信用保险改革与发展各具特色，是本国历史传统、政治经济、法制结构等多方面因素共同作用的结果，事实上也很难判断哪国的管理模式和发展最有效果。但在考察各国出口信用保险的制度体系和改革措施时，就会发现出口信用保险在这些国家的发展存在着某些共性，主要表现在以下四个方面：第一，完善的出口信用保险立法。这些国家都专门制定了关于出口信用保险的法律，而且发展的较为成熟。第二，出口信用保险业务专营。这两个国家都只有一家专门机构经营出口信用保险，并有完整的组织监管体系，这样可以节省费用，避免机构重叠，有利于国家政策得到贯彻和落实。这种模式还能通过集中信息，最大限度地控制和降低风险，减少损失。第三，政府以强大的国家财政为后盾，制定完善的财政政策，建立较为透明的预算机制，支持出口信用保险的发展。第四，调整政府的角色，实行经营机构在一定程度上的私有化。为了在贯彻国家方针政策时确保一定的经营利润，政府对自己在出口信用保险中的角色进行了重新定位，同时实行一定程度上的经营机构私有化，并实施了一系列提高效率的措施和方案。

第三节　中国出口信用保险发展状况

一、中国出口信用保险产生的时代背景

20 世纪 80 年代，由于长期落后、僵化的外贸体制，当时中国的对外贸易处于极其落后的状态，进出口总额占全世界贸易比还不到 1.5%，并

且只出口以纺织品为主的商品,结构原始、单一,机电产品出口额非常低。为打破僵局,国家进行了贸易体制改革,尤其是在1988年开始全面推行承包经营责任制后,出口有了大幅度的增长。同时,针对出口商品的结构,1985年10月国务院全面做出扩大机电产品出口的决定,明确重点扶植,并出台政策文件,从财政、金融、税收等方面采取一系列措施扶持机电产品的出口。为此,中国机电产品的出口取得突破性发展。据统计,1990年中国机电产品出口额比1985年增长5.6倍,达到110亿美元。

为继续重点发展和扶植机电产品出口,1991年国家出台文件①要"继续采取积极有效的政策措施",明确进一步扶植鼓励和扩大机电产品的出口。到90年代初,在支持和促进中国对外贸易和机电产品出口方面,金融政策性扶持已成为最为关键的政策措施。这些金融政策措施主要包括出口信用保险、出口信贷及担保等,其中,出口信用保险在促进国际贸易中发挥了不可或缺的积极作用。

二、中国出口信用保险的发展状况

参照国际惯例,1988年,国家决定正式建立出口信用保险制度,以促进和支持我国对外贸易的发展。在之后30多年的发展过程中,尤其是2001年中国出口信用保险公司成立以来,我国出口信用保险取得了快速的发展。

1988~1994年,由中国人民保险公司独家试办出口信用保险业务,搭建了制度的基本框架,为我国出口信用保险的发展奠定了非常坚实的基础。在此期间,支持和扩大机电产品的出口是出口信用保险承保的重点,整体规模较小。

1994~2001年中国出口信用保险公司成立以前,由中国人民保险公司和中国进出口银行(1994年成立)两家主体承办出口信用保险业务,承保金额逐年不断增长,中国出口信用保险取得了初步发展。但相比而言,在此期间,从整体上来看,中国出口信用保险对出口贸易的支持力度,无论

---

① 《国务院批转国务院机电产品出口办公室关于"八五"期间进一步扩大机电产品出口意见的通知》(国发〔1991〕10号)。

是出口信用保险渗透率①还是出口企业投保比例，还处于较为落后的水平。

2001 年在我国加入世界贸易组织（WTO）的背景下，为了更好地支持中国对外贸易发展与合作，中国出口信用保险公司（以下简称"中国信保"）由国家批准组建②，并于 2001 年 12 月 18 日正式揭牌运营。同时将中国人保和中国进出口银行的政策性出口信用保险业务全部划转至中国信保。从 2013 年开始，短期信用保险向商业保险公司适度开放，但中国信保仍独家经营中长期信用保险。自中国信保成立以来，中国出口信用保险步入跨越式发展阶段。

（一）中国信保的职责使命③

（1）以"履行政策性职能，服务开放型经济"为己任，积极扩大出口信用保险覆盖面，为中国货物、技术、服务出口以及海外工程承包、海外投资项目提供全方位风险保障。

（2）坚决贯彻落实国家决策部署，在服务共建"一带一路"、培育国际经济合作和竞争新优势、推动经济结构优化等方面具有不可替代的作用。

（3）在信用风险管理领域深耕细作，提供专业权威信息。设有专门的国别风险研究中心和资信评估中心。资信调查业务覆盖全球所有国别、地区及主要行业。

（二）中国信保的主要产品及服务

中国信保围绕开拓市场、支持融资、补偿损失、管理风险和提升信用等功能定位，提供的主要产品及服务有八点：

（1）中长期出口信用保险。为金融机构、出口企业或融资租赁公司收回融资协议、商务合同或租赁协议项下应收款项提供风险保障。承保业务的保险期限一般为 2~15 年。

---

① 出口信用保险承保金额占贸易总出口金额的比例。

② 《国务院关于组建中国出口信用保险公司的通知》（国发〔2001〕19 号），其中，《中国出口信用保险公司组建方案》和《中国出口信用保险公司章程》作为附件一并印发。

③ 资料来源：中国出口信用保险公司年报。

（2）海外投资保险。为投资者及金融机构因投资所在国发生的征收、汇兑限制、战争及政治暴乱、违约等政治风险造成的经济损失提供风险保障。承保业务的保险期限不超过 20 年。

（3）短期出口信用保险。为以信用证、非信用证方式从中国出口的货物或服务提供应收账款收汇风险保障。承保业务的信用期限一般为一年以内。

（4）短期出口特险。为出口企业提供在出口合同和工程承包合同项下，由于买方未履行或无法履行合同项下的付款义务而遭受的成本投入损失或应收账款损失的风险保障。承保业务的信用期限为两年以内。

（5）国内贸易信用保险。为在中国境内注册的企业保障在国内贸易中，因买方商业风险造成的应收货款损失，或因供应商商业风险造成的不能收回预付款的损失。承保业务的信用期限一般为一年以内。

（6）进口预付款保险。为有进口经营权的企业提供在进口贸易中因供应商所在国政治风险或供应商商业风险导致的预付款无法收回的风险保障。

（7）融资/非融资担保。为中国信保保险客户的大型资本性货物出口、海外工程承包、海外投资并购等"走出去"项目、大宗商品出口等业务提供内保外贷为主的融资担保及履约保函、预付款保函为主的非融资担保支持，配套中国信保的出口信用保险产品，为企业提供风险保障及信用增级的"一站式"服务。

（8）保单融资及信息服务。中国信保通过赔款转让、应收账款转让或融资银行直接投保信用保险三种模式，为企业提供保险项下融资服务。为国内外用户提供资信调查、信用评级、行业风险分析、国别信息、信用管理咨询与培训等服务。

（三）近几年业务发展情况

近年来，中国信保充分发挥政策性作用，有效防范化解风险，大力支持稳增长、促改革、调结构、惠民生、防风险，积极服务共建"一带一路"，支持实体经济发展。进一步扩大出口信用保险覆盖面，2018 年年度承保金额突破 6000 亿美元，服务支持客户超过 10 万家，赔款超过 19 亿美元，支持企业获得融资超过 3200 亿元人民币。近几年中国信保业务发展情况如表 2-3 和表 2-4 所示。

表 2-3　2014～2018 年中国信保业务发展情况统计

单位：亿美元

年份 类别	2014	2015	2016	2017	2018
承保金额	4455.8	4715.1	4731.2	5245.9	6119.9
承保保费	29.1	26.0	25.5	27.4	29.1
已决赔款	11.2	14.5	12.7	13.7	19.2
追偿收入	3.7	3.3	2.6	3.4	2.3

资料来源：中国出口信用保险公司年度报告（2018）。

表 2-4　2014～2018 年中国信保主要险种承保金额统计

单位：亿美元

年份 类别	2014	2015	2016	2017	2018
短期出口信用保险	3448.2	3638.8	3752.4	4128.0	4814.0
中长期出口信用保险	202.5	217.6	222.9	238.6	233.2
海外投资保险	358.4	409.4	426.5	488.9	581.3
国内信用贸易保险	419.7	374.3	313.0	378.6	457.5
担保	24.0	69.9	15.5	11.8	31.2

资料来源：中国出口信用保险公司年度报告（2018）。

第三章
出口信用保险理论基础及经济学分析

就出口信用保险的理论基础而言，无论是国内还是国外，尚没有完整的理论体系和权威的研究成果。本章将结合国内外学者的研究系统梳理出口信用保险经济理论已达到完善出口信用保险理论的目的，并对出口信用保险进行经济学分析。

第一节　出口信用保险的理论基础

世界经济是机械化大生产和国际分工不断发展的产物，是世界各国经济的有机结合。出口信用保险机构是在世界经济和自由贸易发展到一定阶段、各国间的经贸关系日益紧密下产生和发展起来的，它是以国家信用为基础，以风险预警和补偿为前提的，目的是促进本国的出口和对外投资，体现着各国参与国际经济活动的战略意图。从经济学原理来看，出口信用保险是国家干预经济，克服国际贸易中的市场缺陷，对出口贸易进行宏观管理的一种政策选择；出口信用保险能够帮助本国企业消除贸易中的信息不对称来扩大出口，是对出口企业的间接补贴，同时也是国家稳定外需、扩大就业，促进产业结构升级而采取贸易保护和间接调控的重要政策措施。

一、国际贸易中的金融市场缺陷理论

古典经济学基本原理强调市场机制（"看不见的手"的原理），认为在完全竞争市场条件下，市场机制会自动使经济达到一般均衡，实现帕累托最优。但是完全竞争的市场条件在现实经济中是不存在的，市场经济通常存在市场缺陷。在西方经济学中，市场缺陷一般包括垄断、公共物品、外部效应、交易成本和不完全信息等几种情况。市场缺陷理论是政府干预经济、建立政策性金融体系的一个重要理论基础。各国出口信用机构就是国家积极干预和调控经济的产物。与其他经济领域一样，国际贸易中金融领域也存在依靠市场机制难以对资源进行有效配置，存在市场缺陷。通过出口信用保险机构，以政策性金融手段优化资源配置，便成为各国政府借助"看得见的手"纠正市场缺陷的重要选择。由于出口信用保险是在国际贸易中产生，而国际贸易主要与金融市场相连，因此，本节主要从国际贸易角度考察金融市场缺陷。金融市场缺陷是指由于国际贸易中金融市场机制自身的不完善，使资源配置无法达到帕累托最优状态。它主要表现在以下四个方面：

（一）政治风险导致的市场缺陷

和商业风险相比，这种风险更是不可预测和无法控制的，通常发生在贫穷的发展中国家和经济转型国家，并严重制约着国际贸易的发展。政治风险主要包括以下四种情形：①买方所在国政权更迭，包括战争、政变和动乱等；②买方所在国政府法律变更，例如，实行贸易禁运、吊销进口许可证等；③外汇管制，颁布外汇延期付款令；④发生致使合同无法履行的其他非正常事件，例如，巨大自然灾害、其他技术性壁垒等。为补偿这种风险，部分出口商愿意支付一定的保险费进行保险。

如果商业保险机构能够对政治风险提供担保和保险，政府就不需要介入。但政治风险的发生往往是无法预料的，且风险发生后也是无法补救的，再加上一些赊欠国政府得知损失能够保险就千方百计想办法违约，因此，商业保险机构一般不愿对出口融资和政治风险提供保险。从经济学意义上来看，为政治风险提供保险的市场很难存在，政治风险比较集中的贷款也很难得到。尽管也有个别的商业金融机构为政治风险高的项目提供保险或贷款，但在国际贸易中是微不足道的，迫切需要承担政治风险的出口信用保险结构发挥作用。

（二）商业风险导致的市场缺陷

除政治风险之外，还存在一系列的商业风险，包括两种：
非信用证支付方式下的三种情形：
（1）买方破产或无力偿付债务，指买方破产或丧失偿付能力；
（2）买方拖欠货款，指买方收到货物后，违反销售合同，超过应付款日仍未支付货款；
（3）买方拒绝接受货物，指买方违反销售合同，拒绝接受已出口的货物。
信用证支付方式下的两种情形：
（1）开证行破产。指开证行破产、停业或者被接管；
（2）开证行拖欠、拒绝承兑。前提是在单证相符、单单相符的情况下。
商业风险与政治风险交织在一起，对政府支持的出口信用保险和担保提出了要求。

（三）不完全信息导致的市场缺陷

完全竞争市场的一个基本假定是信息是完全的（对称的），即市场的供求双方对于所交易的商品具有充分的信息。但在现实中，获得信息要付出成本，而且信息往往是不完全的（不对称的）。出口信用保险市场由于当事人的信息不对称可能存在的逆向选择和道德风险问题，导致市场缺陷。在信贷市场上，信息的不对称表现为贷款人与借款人资信、风险状况、财务水平及项目技术条件方面等信息内容的了解是不同的。一般情况下，借款人为了得到贷款可能向贷款人隐瞒自己的真实情况，如或有负债，而这恰恰对贷款人的贷款决策很重要。表现在双方层面，对按期偿还贷款的概率把握是不相同的。如果这种风险可能在资本市场相应定价，就不会构成市场失灵。然而，由于贷款者无法判断对外风险大小，只能被迫基于贷款者平均风险确定贷款利率。低风险借款者可能不愿接受此贷款利率从而采取观望态度，最终借款者可能是那些风险较高的客户，导致贷款者被迫提高利率来降低风险。如此循环往复，均衡利率将无法实现。

(四) 资本市场不健全导致的市场缺陷

如果出口国的贷款者不愿以可接受的利率向外国进口商提供贷款，进口商可能希望在本国资本市场筹资。由于国内贷款者比出口国贷款者更容易获得商业风险的信息，对进口商而言，国内贷款比国外贷款更容易得到。然而，由于本国国内资本市场不健全，外国进口商在本国借款能力受到限制，特别是在那些急需资金的发展中国家，又由于国内资本市场不健全，本国进口商很难在国内得到价格合理并足以保证进口需要的资金。如果进口货物的收益在未来相当长的一段时间产生，那么得到资金会更困难。由于多数发展中国家的资本市场不健全，因此，其进口商不得不转向国际资本市场筹资。与实际资金需求相比，虽然借款者可能发现国际资本市场贷款利率更高，期限更短，但这正说明了资本市场的有效性。贷款者对高风险的对策是提高利率，缩短贷款期限，要求更多的预付定金，要求抵押或担保等。这些措施可能使一些借款者离开市场，但这也反映了资本市场的自动调节功能。即使进口商能够以市场利率在国内外借款，资本市场对高风险国家的进口商也是不平等的，他们通常要付出较高的贷款成本。世界银行、国际货币基金组织、地区发展银行和对外援助项目一般也采取适当的措施进行弥补，但这也是远远不够的。于是，出口信用保险成为政府克服资本市场不健全的有效手段。[①]

以上四个方面成为国际贸易中金融市场的主要缺陷，这也是出口信用保险产生的重要原因。

---

① 王术君. 出口信用论 ［M］. 北京：经济科学出版社，2006.

二、福利经济学及信息经济学视角

从福利经济学角度来看，庇古指出，外部效应问题是市场本身无法克服的内在缺陷，如果政府始终恪守传统的"守夜人"职责，它将始终构成市场有效运行的一种威胁。庇古建议，为了实现帕雷托最优结果，国家必须越出传统上规定边界，利用国家拥有的征税权力，对那些制造外部影响的企业和个人征收一个相当于私人与社会边际成本差额的税收或给予同等数量的补贴，具体视外部效应的性质（是正还是负或有利还是有害）而定，使企业和个人自动地按照效率标准提供最优产量。借助于国家的干预，市场秩序又得以重建。

从信息经济学角度来看，市场经济发展了几百年，都是处于不对称信息的情况之下，当人们没有发现信息不对称理论时，例如，亚当·斯密的时代，市场并没有显示缺陷，斯密甚至把"看不见的手"推崇备至，自由的市场经济理论学者都宣扬市场的自由调节，反对对市场的干预。当信息经济学逐渐成为新的市场经济理论的主流时，人们打破了自由市场在完全信息情况下的假设，才终于发现信息不对称的严重性，信息经济学认为，信息不对称造成了市场交易双方的利益失衡，影响社会的公平、公正的原则以及市场配置资源的效率。信息不对称会影响市场交易达成，只有通过国家干预才能达到消除信息不对称的作用。

国际贸易之于一个国家的重要性不言而喻，出口信用保险机构的设立，正是基于针对符合国家利益的出口贸易带来正外部性的一种补贴。同时，一方面，出口信用保险机构往往掌握大量的国外企业资信信息并提供风险评估业务；另一方面，出口信用保险支持的出口贸易，也代表着国家信用，因此，出口信用保险是政府帮助企业消除信息不对称，扩大出口贸易的重要金融措施。

三、出口政策性金融理论

对于政策性金融，西方金融学理论中并不存在"政策性金融"的概念。日本的许多研究学者将政策金融定义为公共部门所从事的金融活动。还有人根据金融中介理论，认为政策金融应是指公共部门所从事的金融中介活动。小滨裕久、奥田英信等（1994）在比较一般的意义上将政策金融定义为"为了实现产业政策等特定的政策目标而采取的金融手段"，也为了培育特定的战略性的产业、在利率、贷款期限、担保条件等方面予以优惠，并有选择地提供资金。政策性金融作为整个金融体系的重要部分，对经济社会的发展发挥着不可或缺的重要作用。政策性金融作为市场与政府的"巧妙结合体"，具有弥补市场经济缺陷、实现资源配置的社会合理性等作用。出口政策性金融是政策性金融的一种。它是世界各国为促进本国出口、对外投资以及某种外交意图而设立的特殊金融形式。它体现了各国与国际经济活动的战略或意图，是各国对外经济政策措施的组成部分，是各国参加国际竞争的工具，是国内政策在国际领域的延伸。

出口信用保险作为出口政策性金融的主要措施之一，出现于国家垄断资本主义发展的初期，当时仅有英国等少数国家为了争夺世界商品销售市场而成立出口信用机构，其大发展时期始于以美国罗斯福"新政"为标志的国家干预主义的兴起，其理论基础是国家干预主义。

（一）传统经济学思想与出口政策性金融

重商主义是"国家主义经济学"的前身。它主张国家必须全面干预经济，采取各种政策和措施，鼓励出口，限制或禁止进口，以便尽量扩大外贸顺差，使外国的金银流入本国，增加本国的财富。埃·罗尔（E. Roll, 1981）曾在其著作经济思想史中谈道："重商主义者要求有一个强大的国家以保护贸易并粉碎阻挡商业扩张的种种羁绊。管理和限制本身通过垄断和保护现在是这个国家的主要基础。"

20世纪30年代，空前规模的资本主义经济危机的暴发，使资本主义经济陷入长期萧条的境地。新古典经济学关于依靠价格、市场机制自动调节达到充分就业的理论，不能解释资本主义的长期失业和危机后的长期萧条，从而宣告了经济自由主义政策主张的破灭，出现了以《就业、利息和货币通论》（简称通论）为代表的凯恩斯主义和以美国总统罗斯福"新政"为代表的国家干预主义。他们抛弃了传统经济学的一些基本思想，通过有效需求、消费倾向以及国民收入再分配等方面的分析，提出了国家干预经济、金融的理论和政策主张。例如，以政府投资支出来弥补私人不愿意投资某些领域来刺激经济、通过有差别的货币利率政策倡导私人投资等。从经济学理论的实质来看，它等同于政府通过财政或金融政策措施有效干预资源的配置。

以上传统经济学主导思想是以政府与市场之间的关系为主线，把政府与市场结合起来。重商主义强调政府而凯恩斯主义强调有限政府，其本质是政府与市场这两种资源配置方式的不同组合。政策性金融恰恰适应了这一趋势，或者说是这一融合趋势在金融资源配置领域的具体应用。

西方国家的经济理论流派纷呈，尽管各主流学派的观点也随着时代的发展而不断修正，各国的经济政策也在相应调整，但出口信用保险作为国家干预主义的产物并没有因为西方国家经济政策的变化而更迭或削减。相反地，自 20 世纪 70 年代以来，出口信用却获得了长足发展，一些学者认为，其理论依据是战略性出口贸易政策理论。

（二）贸易理论与出口政策性金融

按照传统的贸易理论，一国进出口贸易应该由市场机制来决定，政府不应该加以干预。但随着现实贸易特征的变化和分析工具的日趋改进，传统贸易理论观点受到了越来越多的挑战。新贸易理论针对传统贸易理论的部分假设过于理想化，建立在所谓的"完全市场"上，提出实际上"不完全市场"才是普遍存在的客观事实。在"不完全市场"下，一国政府可以通过相应的政策干预本国的进出口市场，从而获得比自由贸易状态下更多的利益。这种福利的增加主要有两个来源：一是通过政府政策使国家获得较大份额的"租"，二是通过政策使国家获得更多的"外在经济"（保罗·克鲁格曼，2000）。

斯本瑟（Barbara Spencer）和布兰德（James Brander）（以下简称斯-布）在对新贸易理论研究的基础上于 1985 年提出最具影响的贸易政策——战略性出口贸易政策。他们认为，在现实中，不完全竞争和规模经济普遍存在，市场结构是以寡头垄断为特征的。在这种情况下，政府补贴政策对一国产业和贸易的发展具有战略意义。在寡头垄断的经济市场结构下，产品的初始价格往往高于边际成本。如果政府能对本国厂商生产和出口产品给予补贴，就可使本国厂商实现规模经济。在利润不变的情况下，降低产品的边际成本，从而使本国产品在国外竞争中获得较大的份额和垄断利润。同时，未来规模经济的实现也可为消费者带来利益。斯-布进行的推论前提是建立在国与国之间在有利可图的国际市场上开展非合作竞争的框架下。在这种市场条件下，政府实施可信的对国内企业战略扶植政策，可改善国内企业非合作竞争的地位，扩大市场份额，虽然贸易条件会因为补贴而恶化，但只要商品价格高于商品的边际资源成本，出口扩大一定会带来国内福利的增加。接着斯-布又考察了加入政府博弈后的情况，指出虽然在此情况下，非合作纳什补贴均衡的结果为两个出口国都采用补贴，但他们的福利将会因补贴水平的下降而增加。按照斯-布推论，虽然非合作行为提供了采用补贴的动机，但这种政策的采用从生产国整体来看是次优的。虽然生产国有合作不使用补贴从而提高整体福利的动机，但他们也有欺骗合作从而使自己获得更大利益的动机，因此，即使补贴措施是次优的，但也不得不采用。

战略性出口贸易政策的基本原理为：

在不完全竞争和古诺双寡头市场结构的假设下，斯-布认为，在不完全竞争产业中，战略性出口贸易政策理论的运用有利于一国提高其在不合作条件下的利润份额，出口补贴是战略性出口贸易中的最优措施。

古诺双寡头市场结构假设（古诺解假设）是指市场中有两个生产商（卖主）竞争，双寡头垄断卖方市场，双方不沟通信息，不串谋，每个生产者都根据竞争对手的生产数量来调整自己的生产量，达到利润最大化，把对手生产看作是已知的参数，不受自己生产量的影响而变动。

在此前提下，斯-布在 1985 年发表的《出口补贴与国际市场份额竞争》一文中做出如下推理：首先，假设国内、国外各有一厂商，其竞争模式为古诺双寡头型，且它们只为第三市场生产同一种产品，即生产国不消费此种产品。继而假设政府能够了解此产品的市场结构，并能够在公司决定产量前设定可信任的出口补贴水平。这样，本国所得利润为：π（x，y；s）= xp（x+y）-c（x）+sx

其中：x 表示本国生产量；y 表示国外厂商生产量；c 表示可变成本；s 表示单位补贴。p（x+y）表示此产品的反需求函数，表明价格是总产量的函数，在不完全竞争条件下，价格是总供给量的递减函数。

外国所得利润为：$\pi^* = yp(x+y) - c^*(y)$ 经过推导可得出以下三组结论。

结论一：

（1）由 $p_s \equiv dp/ds = p'(x_s + y_s) = p'(\pi^*_{yx} - \pi^*_{yy})/D < 0$ 可知增加本国补贴水平会降低产品的世界价格。

（2）由 $\pi_s \equiv d\pi/ds = xp'y_s + x > 0$ 可知增加本国补贴水平可提高本国所获利润。

（3）由 $\pi^*_s \equiv d\pi^*/ds = \pi^*_x \times x_s + \pi^*_y \times y_s = yp'x_s < 0$ 可知增加本国补贴水平可减少外国所获利润。

结论二：

由 $G_s = \pi_s - x - sx_s = xp'y_s - sx_s$ 可知当 $s = 0$ 时，G_s 显然为正，即补贴的（边际）增加将提高福利 G_s。从而推出，唯有本国具有对国内公司提供出口补贴的动机。

结论三：

最优出口补贴 s 将使均衡相当于无补贴条件下的斯坦克贝型，其中的国内厂商为领导者。

在此基础上，斯-布放宽了生产国不消费产品 x 的假设，并增加了两个假设：

产品 x 的价格国内外一致和每个生产国只供应它自己的消费。经推导，由

$$dI/ds = (x-z)p_s - (xp'+s)x_s = -zp_s + xp' \times y_s - sx_s$$

可知 $s = 0$ 时，由于 p_s、y_s 为负值，因此，dI/ds 为正值。即在此情况下，虽然由于增加的国内消费 z 产生了不利的"贸易条件"效应，但由于补贴 s 引起产量增加并以高于边际成本价格出售，所获的利润足以抵消这种效应，因此，补贴仍可增加本国福利。

四、政治经济学理论

按照贸易的政治经济学逻辑，贸易政策的制定首先要考虑谁是受益者

或受损者，因此，通过相对价格变动产生的贸易政策的收入分配效应就成为理论分析的起点。在新古典贸易理论中主要包括三个分析收入分配的模型，即 H-O-S 模型（要素禀赋模型）、Jones-Neary 模型（特殊要素模型）和 Haberler-Brecher 模型。在实证中，经验数据和材料似乎更支持特殊要素模型，即影响贸易政策决策的利益集团并不是以生产要素组成的，而是多以部门为单位构成的。

实证的贸易政治经济学理论解释了贸易政策产生的原因，在贸易政策的选择方面，在自由竞争的条件下，保护贸易政策会降低一国的经济效率或福利水平，从纯经济效率的标准出发，一个国家应该选择自由贸易政策而不是保护贸易政策。但是，经济效率并非国家的唯一目标，它还要追求其统治效率。国家以对产权的保护来换取租金和税收，它既要追求财政收入的最大化，又要保证向社会提供安全、稳定等公共品。因此，国家的统治目标里，既包括经济效率（它从长期上保证了财政收入增长），又包括赋税征取效率，还包括安全、稳定等公共品的提供效率。国家始终要在这些效率目标之中进行权衡以确保统治效率的最优化。由于经济效率属于财富创造的范畴，而公共品提供效率和赋税征取效率属于财富分配的范畴。国家的这种权衡最终就归结成财富创造效率和财富分配效率间的权衡，体现在贸易政策上就是贸易保护政策和自由贸易政策间的选择与权衡。一般情况下，国家的财富创造效率目标常常会让位于财富分配效率目标，所以，完全的自由贸易只是作为一种理论存在，从来没有作为政策在现实中存在过。出口信用保险是国家为了稳定外需、扩大就业，促进产业结构升级而采取贸易保护和间接调控的政策措施。

五、出口信用保险理论综合分析

出口信用保险是世界经济和国际贸易发展的必然产物，其产生和发展并不是依靠单一理论能够解决的，而是将各种理论和实践相结合的综合产物。

（一）出口信用保险的产生和发展反映了对对外贸易的重要作用

就对外贸易而言，一方面，国家的出口贸易和对外投资需要融资和保险的支持；另一方面，由于金融市场的缺陷，对这类所需资金规模大、期限长、风险高的业务，一般商业保险不愿也无力提供支持。为了弥补这一缺陷，在国家资本力量不断壮大，政府对经济活动的干预能力不断提高的情况下，出口信用保险应运而生，成为政府贯彻落实产业政策、干预经济的重要手段。

出口信用保险利用独特的信息渠道，帮助出口企业收集和了解国外企业资信信息，降低企业出口的信息成本，尽可能消除信息不对称，而且出口信用保险偏重于运用特殊的贸易融资手段，结合政府对资本货物出口、对外直接投资、高新技术出口等具体战略目标的政策性资金支持，有效的组织和规范本国进出口贸易活动，促进了对外贸易和国民经济的发展。

（二）出口政策性金融措施强调了对外贸易政策的战略性运用

出口鼓励政策具有两个层面的含义：狭义的出口政策是指政府对待出口的政策导向；广义的出口政策是指包含财政、金融等各个方面的出口鼓励措施。出口信用保险是以政府信用为背景的出口政策性金融手段，是一种广义的出口补贴，政府通常花费大量的财力来支持本国出口信用保险。日本和韩国的出口信用机构的运行方式正是依据战略性出口贸易政策理论，创造了经济的奇迹。相对偏重于普遍的、长期保护的传统贸易保护主义，出口政策性金融理论则强调有选择性和针对性的干预，使贸易干预政策发挥战略性变量的作用。一方面，它强调在使用干预政策时市场结构和条件的约束。只有不完全竞争市场，特别是在国际寡头竞争条件下，才需要使用干预政策。另一方面，需要强调政策干预的时机。政府先发制人的补贴是出口企业在竞争中能够获胜的重要条件，它使有关企业能够获得"首动优势"，进而获得全面胜利。出口政策性金融相关理论不仅是保护本国出口企业的工具，更重要的是发挥着将经济利润从外国转移到本国的战略性变量的作用。出口补贴不只是为了维持本国企业的生存，更重要的是为了争夺更大的市场份额，甚至将外国企业逐出市场。但必须清醒地认识到，战略性贸易政策本身是一项进攻性的竞争战略，一国实施后必然会对其贸易国产生巨大的影响，所以，一国政府应该做好充分准备，以反击其他国家攫取优势的政府干预行为，这种防御性动机在错综复杂的国际经济竞争中显得尤为重要。

(三) 出口信用保险政策的运用受一国政治和经济体制各方面的影响

根据传统的国际贸易理论，自由贸易将引导资源进行最有效的配置，使一个国家的经济福利达到最大化水平。实行保护贸易，例如，出口补贴等措施只会带来国民福利的损失。但是在现实中，目前世界各国政府制定和实行的贸易政策却都实行了不同程度的保护，而自由贸易能够增进各国的福利水平似乎并没有被接受。这是传统贸易理论最尴尬的地方。贸易的政治经济学理论由此产生。它将贸易政策作为政治市场上的一种政府公共政策决策过程，从国家目标和社会利益分配的角度来解释贸易政策产生和变化的政治过程，贸易政策是"内生"的。在贸易政策决定的政治市场上，各个参与者包括政府、选民或公众以及利益集团，他们将根据既定目标或既得利益产生对贸易政策的需求和供给，贸易政策的收入分配效应将直接影响他们的目标和利益，进而影响他们的行为，而出口补贴、出口信用保险等政策手段作为贸易政策的"价格"在政治市场的供给和需求达到平衡时得到决定。

(四) 发展中国家建立出口信用保险是适应对外贸易发展和出口补贴合理化的双重需要

与发达国家相比，发展中国家的出口信用机构一般成立较晚，并且其模式设计、运行方式在很大程度上借鉴了发达国家出口信用机构的做法。这是因为大多数发展中国家经济是在第二次世界大战以后迅速崛起的，他们为提高对外贸易的效率和竞争力必须采取有力的政策手段支持进出口贸易尤其是出口贸易。但与此同时，在当今这样一个日益规范、统一，以发达国家贸易管理制度为基础，以世界贸易组织标准为具体实施框架的世界经济体系中，采用对出口直接补贴的做法，将招致贸易对手的强烈反对，其受到补贴的产品还可能遭受国外反倾销诉讼。[1] 因此，建立出口信用保险体制，可以完善发展中国家的贸易管理制度，变对出口直接补贴为使用经济杠杆间接调控对外贸易进出口结构，适应世界贸易组织的国际贸易规

---

① 王术君. 出口信用论 [M]. 北京：经济科学出版社，2006.

范，使之合法合理化。

第二节　中国出口信用保险的市场失灵分析

出口信用保险具有促进出口、风险保障、企业融资和降低成本、优化产业结构和贸易方式等功效（详细分析见本章下节），无论是从增加国民收入的角度还是从促进国民收入分配更为合理的角度，出口信用保险都提高了社会福利。所以，从增进福利方面来讲，我们应该积极推进出口信用保险的发展，可以分析一下（如图 3-1 所示）。[①]

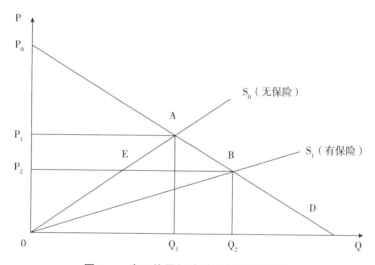

图 3-1　出口信用保险对社会福利的影响

图 3-1 中假定在没有出口信用保险的条件下，出口产品需求曲线为 D，供给曲线是曲线 S_0，此时消费者剩余是 P_0AP_1。投保人购买出口信用保险后，由于出口信用保险的保障作用而使出口产品的供给增加和价格降低，在图形上表现为供给曲线向右下方旋转至 S_1，出口产品的价格则由 P_1 降至 P_2，消费者剩余为 P_0BP_2，比原来增加 P_1ABP_2。同时，从生产者剩余来

---

① 谢利人，唐淑娥. 出口信用保险的福利经济学研究［J］. 保险研究，2007（1）.

看，价格降低使生产者的剩余由 P_1AO 变为 P_2BO。显然，对全社会而言，社会福利即社会剩余（消费者剩余和生产者剩余之和）的增量为：$P_1ABP_2 + (P_2BO - P_1AO) = P_1ABO - P_1AO = \Delta ABO > 0$，说明投保人购买出口信用保险后产生收益外溢，提高了全社会的福利水平。

但是目前我国出口信用保险投保率偏低、保费偏高、保险赔付率过高等现状很容易使之陷入"需求不足、供给短缺"的市场失灵境地。如果没有国家干预的制度供给，出口信用保险将会面临较大危机。[①]

一、市场失灵的界定

市场失灵是指通过市场价值规律这个看不见的手无法实现资源最佳配置、效率最高的情况，原因是当商品或服务的边际社会收益超过边际社会成本时，市场无法或不愿意提供该类产品或服务。市场失灵是市场机制在不少场合下会导致资源不适当配置，即导致无效率的一种状况。换句话说，市场失灵是自由的市场均衡背离帕累托最优的一种情况。微观经济学说明，在一系列理想的假定条件下，自由竞争的市场经济可导致资源配置达到帕累托最优状态，但理想化的假定条件并不符合现实情况。由于市场垄断和价格扭曲或信息不对称和外部性等原因，因此，导致资源配置无效或低效，就会发生市场失灵。

二、出口信用保险市场失灵的一般成因

(一) 信息不对称

信息不对称是指在市场经济活动中，在相互对应的经济个体之间的信息呈不均匀、不对称的分布状态，由于各类人员对有关信息的了解是有差异的，掌握信息比较充分的人员，往往处于比较有利的地位，而信息贫乏的人员，则处于比较不利的地位。

---

① 贾广余. 出口信用保险的经济学分析 [J]. 经济问题，2011（5）.

信息不对称理论根据交易双方签约前后划分为事前信息不对称和事后信息不对称，它们会分别导致市场上出现逆向选择和道德危险。保险中的逆向选择是指那些高风险类型的投保人，发现保险费率比较具有吸引力，倾向于购买更多保险。换句话说，最容易出险的人往往是更愿意购买保险的人。逆向选择使投保人组合的风险比一般人群的大，容易导致保险欺诈行为的发生。如果信息是对称的，保险公司设计的保单会对作为潜在投保人的所有人群都具有吸引力。保险中的道德危险是指由于保险可以补偿损失、降低风险，部分投保人在投保后做出的使保险公司赔偿金额增加或不利事件发生概率上升的行为。

逆向选择和道德危险的存在，使出口信用保险人要么面临高监督成本，要么面临高赔付损失，破坏了保险筹集资金的功能，提高了保险人的经营成本。如果信息不对称所产生的成本过高，保险人就有可能根本不供应出口信用险产品或减少出口信用险产品的供应。

（二）供求的双重正外部性

（1）有关外部性的定义。关于外部性，萨缪尔森认为，外部性是指那些消费或生产对其他主体给予了无须补偿的受益或强征了不可补偿的成本的情形。而蓝德尔把外部性理解为用来表示当某个行动的一些成本或效益产生的一些低效率的现象，而这些现象不在决策者的考虑范围内，也就是某些成本被强加给，或某些效益被给予没有参加这一决策的人。

庇古则通过分析边际私人净产值与边际社会净产值的背离来阐释外部性。在庇古的论述中，外部性实际上就是边际私人收益与边际社会收益、边际私人成本与边际社会成本的不一致。在没有外部性时，边际私人收益就是生产或消费一件物品所产生的全部收益，而边际私人成本就是生产或消费一件物品所引起的全部成本。当负外部性存在时，例如，上游工厂致使河流污染，使下游的企业和居民必须付出额外的费用来获取清洁水源，这产生了外部成本。边际社会成本就是边际私人成本与边际外部成本之和。当正外部性存在时，本人并不是由完全占有私人决策的收益，还存在外部收益。边际社会收益就是边际私人收益和边际外部收益之和。

总之，虽然表述方式不同，但本质上都阐述了这样一种思想：外部性就是一项经济活动对社会上其他成员带来的有益或有害的影响，使边际社会成本（或收益）和边际私人成本（或收益）发生了差异，而这种差异未被市场交易所体现。

（2）外部性的分类。首先外部性可分为正外部性和负外部性。正外部性就是指某个经济主体的活动使得该主体从其活动中得到的私人收益小于该活动带来的社会收益；负外部性是指某个主体的活动使该主体所付出的私人成本小于该活动所造成的社会成本。

其次外部性的特点是伴随生产或消费活动产生并且产生或是积极的影响或是消极的影响。因此，外部性可具体分为四种：①生产的正外部性，是指在生产过程中给他人带来有利的影响，而自己却不能从中得到应有报酬，例如，植树造林导致环境改善使整个社会受益，生产者从中得到的私人收益小于该活动的社会收益；②生产的负外部性，是指在生产中增加了其外部成本，损害了他人，而未给他人以补偿，例如，企业排污致使水污染，而未付出补偿成本；③消费的正外部性，是指在消费中给他人带来有利的影响而自己未能从中得到收益，例如，私人花园的鲜花令路人得到了不用支付报酬的赏心悦目；④消费的负外部性，是指在消费中给他人造成损害而又未给他人以补偿，例如，吸烟者的行为危害了被动吸烟者的身体健康，但并未为此支付任何东西。

（3）出口信用保险的正外部性分析。投保出口信用保险，不但投保人能获得投保收益，而且由于能促进出口，增加就业拉动经济的增长，从而使整个社会受益，因此，出口信用保险是一种具有正外部性的产品。一方面，它的正外部性体现在购买出口信用保险所得的投保收益小于其为整个社会所提供的收益总量；另一方面，由于出口信用保险赔付率过高，尤其是国际金融危机的发生导致出口信用保险的赔付是巨大的。总体来说，保险业务处于亏损状态，这样对于出口信用保险的经营者保险公司而言，提供出口信用保险所得的私人收益小于其供给成本。于是，出口信用保险就出现了购买和供给双重的正外部性。正是这种供给和需求的双重正外部性，在市场中就容易导致出口信用保险"需求不足，供给短缺"的局面。下面就出口信用保险的双重正外部性做进一步分析：

其一，出口信用保险消费的正外部性与"需求不足"。

企业进行出口信用保险消费的正外部性，表现为企业购买出口信用保险的边际社会收益大于边际私人收益，而边际社会成本小于边际私人成本。

在当前金融危机发生的后危机时代，国际市场上买家拖欠、拒收等违约风险剧增，一些国家的对外偿付能力、汇率稳定性等都受到很大影响，国外银行的信用风险也在增大，而部分国家的信贷紧缩政策更加大了这些企业拖欠货款的风险，甚至不少企业还面临着海外买家破产的局面。企业购买出口信用保险，在风险发生出现巨大损失时，出口信用保险的损失补偿功能可以帮助出口企业建立风险转移机制，帮助企业规避出口贸易中政治和商业风险导致的货款收回风险，最大限度地降低中国出口商的应收账款损失。这样就可以保证企业自己收入稳定，而且可以使企业再生产基本不受影响。另外，出口信用保险的资金融通功能可以加强出口企业融资能力，为企业获得出口信贷融资提供方便，解决出口企业融资难问题；市场拓展和信用管理功能可以帮助企业采用更具竞争力的支付方式抢抓海外订单，有效提升中国出口商品的竞争力，稳定外贸出口市场。所以企业购买出口信用保险可以使出口增加，带动经济增长，整个社会享受就业增加、收入稳定或增加的好处，国外公众还可以享有进口产品价格低廉的好处。因而投保出口保险，使边际社会收益大于边际私人收益。同时，如果政府对投保不进行补贴，而由出口企业承担出口信用保险保费即出口信用保险消费的全部成本，而出口信用保险的消费带给全社会出口增加和稳定的好处，这样一来就会使出口信用保险消费的边际社会成本小于边际私人成本。由于社会成本收益和私人成本收益出现了不一致，因此，就产生了出口信用保险消费的正外部性。

如图 3-2 所示，社会从企业消费出口信用保险中所得的边际社会收益为 MSR，企业消费的边际私人收益为 MPR，MPR 小于 MSR。企业消费出口信用保险的边际社会成本为 MSC，边际私人成本为 MPC，而 MSC 小于 MPC。根据边际成本等于边际收益的原则企业和社会分别确定出口信用保险的最佳均衡量 Q_1 和 Q_2，结果是出口信用保险"需求不足"的现象出现，此时私人的最佳消费量 Q_1 小于社会最佳规模 Q_2。

其二，出口信用保险生产的正外部性与"供给短缺"。

出口信用保险生产的正外部性，表现为出口信用保险机构提供出口信用保险的边际社会成本小于边际私人成本，而边际社会收益大于边际私人收益。

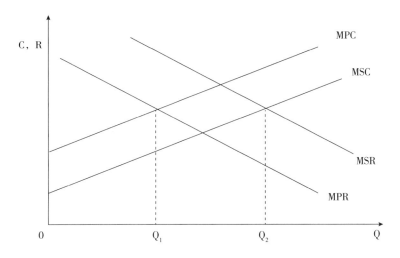

图 3-2　出口信用保险消费的正外部性与"需求不足"

由于出口信用保险业务承保、定损和理赔的高难度，再加上市场中存在的政治风险、商业风险及信息不对称，使经营出口信用保险的成本较高，尤其是近几年国际金融危机的发生，赔付率居高不下，出口信用保险机构边际私人收益很小，甚至亏损严重。而代表社会利益的政府却边际社会收益较大，可获得出口信用保险带来的好处，但付出代价较小。可见，出口信用保险机构供给出口信用保险时，承担了本应由社会承担的成本，使边际社会成本低于边际私人成本，但边际社会收益却大于边际私人收益，为此，出口信用保险生产的正外部性产生。

同理，根据边际成本等于边际收益的原则出口信用保险机构和社会分别确定均衡量，结果是造成出口信用保险"供给短缺"，此时保险机构的最佳产量小于社会规模。用保险机构的生产行为代替出口信用保险的消费行为，具体分析过程与图 3-2 中企业对出口信用保险消费的情形类似。

第三节　中国出口信用保险的效用成本分析

本书在上两节从国际贸易中金融市场缺陷、国家干预主义、出口政策性金融理论及政治经济学等角度分析了出口信用保险存在的理论基础，并进行了出口信用保险的市场失灵分析，认为出口信用保险是以政府信用为背景的政策性金融手段，是一种广义的出口补贴。接下来，本节将对出口信用保险效用和实施成本进行分析。既然出口信用保险相当于一种隐形的出口补贴，我们首先从国际经济学的角度分析一下进行直接出口补贴的经济效应。

一、直接出口补贴的经济效应分析

出口补贴是指一国政府为了鼓励某种商品的出口而对该出口商品给予的直接或间接补助。政府直接向出口商提供现金补助视为直接补助；政府对选定商品的出口给予财政税收上的优惠，例如，对出口商提供低息贷款或减免国内税等则为间接补助。下面分析的出口补贴是针对直接出口补贴的。从 16 世纪的重商主义经济贸易政策到现在，出口补贴是各国常用的奖励出口措施之一，许多国家都采用奖出限入的外贸政策，一方面，奖励出口；另一方面，通过各种措施限制进口，保护国内市场。

直接出口补贴被认为是一种不公正的贸易措施，国际社会对于补贴与反补贴的规定处于不断地调整之中。1960 年，关税与贸易总协定（General Agreement on Tariffs and Trade，GATT）缔约方签署了一项禁止一切形式补贴的宣言。1994 年乌拉圭回合签订了具有约束力的《补贴与反补贴措施协议》，但该协议并没有终止世界贸易组织（WTO）各成员在补贴问题上的分歧，补贴与反补贴争端从来没有停止过。

在国际经济学理论里面，从出口补贴的价格效应、消费效应、生产效应、财政收入效应和贸易条件效应等方面分析研究了出口补贴对出口国的福利影响，得出结论为，出口补贴会导致补贴国国民福利的下降，即出口补贴会危害出口国的经济福利。

如果补贴国为一小国，其所面临的国际价格是不变的。如图 3-3 所示，L_1、L_2 分别表示国内的供求曲线，P_w 表示国际市场价格，出口补贴前 Q_1 表示国内生产，Q_2 表示需求量，Q_1Q_2 表示出口量。政府给予出口商品补贴后，由于生产者出口实际价格为 P_s，故生产者将扩大生产并增加出口，国内的价格也将随着上升，因为只要国内价格低于政府补贴后的价格，生产者就会选择出口。由于出口补贴导致国内价格上涨，因此，出口补贴的结果是消费者受损，生产者得益。具体看来，消费者剩余减少了 a+b，生产者剩余增加 a+b+c，政府支付的支出增加了 b+c+d，因此，社会福利的净损失就是面积 b+d 的和。

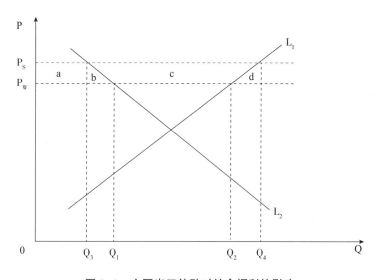

图 3-3　小国出口补贴对社会福利的影响

如果补贴国为一大国（即能对市场价格产生影响），则该国出口量的增加会导致世界市场价格下降，致使补贴国的贸易条件恶化。

如图 3-4 所示，L_1、L_2 分别表示国内的供求曲线，出口补贴前，P_W 表示国际市场价格，Q_1Q_2 表示出口量。由于补贴国是一大国，补贴以后导致国际市场价格下降为 PW′，国内价格变为 P_S。出口量则变为 Q_3Q_4，但由于出口价格下降，补贴国的出口收入减少了长方形 ABCD 的面积。

再者，在出口国，消费者受到损害，生产者获取收益，政府则由于必须支付补贴也蒙受损失。面积 a+b 是消费者损失，面积 a+b+c 是生产者所得，政府支付的补贴是面积 b+c+d+e+f+g，因此，社会福利的净损失就是面积 b+d+e+f+g 的和，其中，b+d 表示消费与生产损失。

总之，从国际经济学的角度来看，出口补贴不利于资源在世界范围内

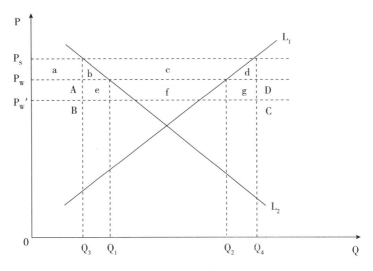

图 3-4　大国出口补贴对社会福利的影响

的有效配置，是一项扭曲贸易的政策，但从国际贸易的实践来看，从国家利益出发，无论是发达国家还是发展中国家，都会或多或少地采用出口补贴和反补贴政策。

二、出口信用保险的效用分析

出口信用保险作为一种隐形的出口补贴，是否也和直接出口补贴一样会造成贸易扭曲呢？[①] Filip Abraham 和 Gerda Dewit（2000）通过相关模型分析了通过官方出口保险促进出口，但这种促进并不一定会扭曲贸易，破坏多边贸易体系。文章深入研究了官方出口信用保险在世界实践中的出口促进原理，提出了关于一个典型官方出口信用保险机构的理论、制度和计量评估上的多维目标函数。研究展示了比利时官方出口信用保险机构如何以区域承保比例和保费费率作为调节工具来实现政府政策目标的。

Filip Abraham 和 Gerda Dewit（2000）的研究给出了关于出口促进的几

---

① Filip Abraham, Gerda Dewit. Export Promotion Via Official Export Insurance ［J］. Open Economics Review, 2000,（11）: 5-26.

点启示。

第一，一个重要的研究发现是出口促进并不一定会出现贸易扭曲。官方出口信用保险机构的主要目的就是为国内出口企业针对高风险违约市场的风险提供保险，这样，出口商就会在出口信用保险机构的支持下向这种市场出口，否则，他们会拒绝出口。理论模型的分析结果发现在无补贴的情况下通过公平保费的收取能够达到降低风险的目标，这实际上也是在大多数比利时出口信用保险局（Office National Du Ducroire，ONDD）提供的出口信用保险合同中出现的。研究发现大部分出口目的地并没有从保险费补贴上受益，此外，ONDD 在保险费率设置和投资组合区域构成中考虑了风险特征的因素。在这种方式下，ONDD 的运营，至少在部分上，就类似一个对国际贸易产生积极影响的私营保险公司，也就是说，官方出口信用保险，在未造成贸易扭曲的情况下能够有效促进出口。

第二，任何事物都有两面性，从一个角度来看，出口信用保险机构积极支持某些行业里面的企业，这些企业有针对性向部分国家出口。出口保险机构给这些企业提供保险保费补贴，但同时并不针对部分进口国家的高违约风险进行调整保险费率和区域承保比例，这也不必过于惊奇，因为官方出口信用保险机构通常会通过它们的章程规定来加强国内出口商的竞争地位。这样做，使出口商能够积极利用官方出口信用保险，以在特定的市场上建立强大的市场地位。如果从自由贸易的角度来看，这种竞争性出口促进则是令人担忧的。

第三，对于出口促进和政策制定的其他领域密切关系的关注。更广泛的政治考虑会在很大程度上关系到出口信用保险的发展。在比利时出口信用保险模式下，发现国家发展援助及债务重新安排等政策会大大影响出口信用保险的区域承保比例和保险费率。

以上的研究对国家补贴控制带来了重要意义。风险减少能对出口贸易产生积极影响和促进作用，所以说世界贸易组织（WTO）和欧盟并没有因为出口信用保险被认为是一种广义的补贴而取缔。不过，去排除由竞争性出口信用保险而引起的贸易扭曲，仍然是一个艰巨的任务。世界贸易组织（WTO）补贴守则规定，出口信用保险机构不能累积长期亏损，这保证了对所有被保出口目的地组合的公平保费的收取。然而，这并不能排除有对特定出口市场，存在进行保险保费补贴而引起贸易扭曲的合同。对保险费率进行更有约束力限制往往会导致出口信用保险机构利用各种不同保险政策手段，以努力扩大国内企业的出口。反过来，政府发展援助和官方出口信用保险的密切关系，为把官方出口信用保险人的亏损伪装成发展援助提供了相当大的空间。总之，出口信用保险的有效控制需要密切的个案监察和相当强的执法权力，这可能在欧盟竞争政策的框架下是可行的，但是，除非在世界贸易组织或经合组织里能够达成自愿协议，否则在多边规模上是难以实现的。这些分析与其他贸易政策的学术研究也有关系，我们从战略贸易文献中［如 Eaton 和 Grossman（1986）］了解到，贸易政策的制定对于竞争性产品和目标产业的结构性因素的变化是高度敏感的，并且证明了即使在同一出口促进机构，不同的政策目标会导致不同的政策结果。

综观全球出口信用保险的发展，它对一国外贸和经济发展具有非常重要的作用，主要体现以下四个方面。

（一）出口促进

目前的国际贸易大环境是以买方市场为主导的，出口企业要扩大出口，提高产品的竞争力，除了具有比较优势价格和保证产品质量以外，吸引客户的重要条件则是灵活的结算方式。但使企业陷入两难的是企业的收汇风险会因灵活的结算方式而加大很多，如果为了保证出口而接受对方的结算方式要求，那么无疑也担负着重大的风险；如果拒绝，那么出口会明显受阻。因此，为解除后顾之忧，企业可以通过投保出口信用保险将其转移给出口信用保险机构，采用更灵活的商业信用支付方式，转变以前单一的信用证结算方式，扩大交易机会，增加出口量，大胆开拓新市场，促进出口业务的纵向发展，获取更大的经济利益。

出口信用保险除了能够帮助出口商扩大出口数量和收益，在提高出口效益和质量上也发挥了重要作用。例如，为突出对高新技术和高附加值产品的支持力度，体现国家的出口政策导向，它不仅可以通过制定专门的承保政策和承保条件来实现。此外，也可以为企业提供出口国家风险分析、买方资信分析等服务，以便引导企业选择正确的贸易伙伴，规避不必要的风险，从而降低企业出口坏账率，促进出口的健康发展。

随着经济全球化的发展，各国政府都加强了对本国企业的支持。因为企业在实施"走出去"战略中存在着外部经济、风险承担等多方面的因素，所以说企业要想走出国门并在激烈的国际竞争中站稳脚跟，没有政府的支持和协调几乎是不可能的。只有充分发挥出口信用保险的作用，国家才能更有效地实施企业"走出去"战略，同时出口信用保险也是政府支持出口、防范收汇风险的国际通行做法之一。

中国出口信用保险公司为重点行业的重点企业提供专门支持和全程信用服务，集中精力支持一批在国际竞争中有相对或潜在优势的行业，扶助他们"走出去"，增强了企业在国际上的竞争力。此外，为形成中国与海外资源国共赢的格局，中国出口信用保险还支持境外资源开发；通过大力发展海外投资保险、信用工具功能，为中国企业提供间接融资或直接融资支持，支持中国企业多领域、全方位开拓海外市场。

近年来，尤其是金融危机后，在世界经济波动和下行压力的严峻形势下，国家间的贸易竞争加剧，部分国家的贸易保护主义加强，中国低附加值出口产品面临的贸易摩擦逐年增加，传统出口市场面临饱和。中国劳动密集型产品的出口受到很大影响，因为目前中国对外出口仍是以这类产品为主，而中国经营劳动密集型产品的企业多是中小企业，很难抵御金融危机带来的负面影响。出口信用保险机构密切关注这些行业，及时赔偿企业的损失，并且为了将出口企业的损失降到最低，利用自身优势，积极协助追讨海外欠款。在金融危机和世界经济波动下行背景下，为稳定外需、促进出口，中国出口信用保险还加大了对重点行业的支持力度。

2019 年 1~9 月，中国出口信用保险公司履行政策性职能，发挥出口信用保险保障作用，累计实现承保金额超过 4500 亿美元，向客户支付赔款超过 8 亿美元，服务客户超过 11 万家，同比增长 13.8%。据测算，2018 年，中国出口信用保险公司出口信用保险拉动中国出口金额超过 6400 亿美元，占中国同期出口总额的 25.9%；对国内生产总值（GDP）的贡献率为 4.9%；拉动就业超过 1500 万人。

（二）风险保障和成本降低

随着国际竞争的日益加剧和全球经济一体化的推进，出口商面临的风险也日益增加，主要包括两大类风险：第一类是由于进口商所在国家发生政变、战争或实施外汇管制及各式各样的进口限制或调整贸易政策等引起的政治风险。这类风险是买卖双方所无法控制的，虽然发生频率较商业风险低，但一旦发生，企业往往难以承受，损失巨大。第二类是商业风险，主要是由进口商破产、信用欺诈或发生支付困难等原因造成出口企业难以收回货款。这类风险发生率高，风险分析技术复杂，很多出口商要么冒险成交而随时面临收汇风险，要么因为担心风险而放弃贸易机会。在这种情况下，符合世界贸易组织（WTO）规则的出口信用保险成为满足他们保障安全收汇需求的一把金钥匙。

相比货物运输保险而言，出口信用保险弥补了其所不能涵盖的国家政治风险和买方商业信用风险的空白，保证了出口商的收汇安全，有利于其资金周转。例如，日本封关事件发生后，2003 年 5 月 3~10 日将山东诸城舜王进出口有限公司所有输入日本尚未通关入境的价值 133 万美元货物全部被拒收。保险事故发生后，中国出口信用保险公司对其损失进行了快速理赔。在随后不到 2 个月的时间里，山东诸城舜王进出口有限公司从中国出口信用保险公司得到 633 万元人民币的赔付，使其贸易风险降至了最低。因此，出口信用保险不仅保障了出口企业所重视的商业信用风险，也保障了其往往忽视的国家政治风险。它能够为出口企业提供风险保障，营造平等的国际贸易环境，并提供专业化风险管理服务，这有助于改善企业财务状况，减少企业应收账款的坏死率和拖欠率，提高企业出口竞争力；同时它也能够帮助企业防范和控制国际贸易风险，提高自身风险管理能力。

2008 年全面暴发的世界金融危机，一方面，使各国金融机构收紧银根，减少了对进口企业的信贷；另一方面，导致国内有效需求降低，进口企业盈利降低，这两方面综合作用，使进口企业资金链条断裂，流动资金不足，很多企业延长应付账款期限或直接宣告破产，增加了中国出口企业的收汇风险。在这一背景下，很多国内出口企业出现"有单不敢接"的现象。中国出口信用保险机构通过采取多种措施加强对企业出口收汇安全的风险管理来应对金融危机对中国出口企业的不利影响，并承诺在不提高保费费率的前提下，为每一个希望得到保障的企业提供保险服务，支持企业抢订单、保市场，帮助企业化解收汇风险，提高企业竞争力。

　　为使出口企业在金融危机期间放心接单、大胆交易，中国出口信用保险公司针对三类收汇风险大的业务予以重点支持。一是加大对向新兴市场出口企业的支持，打消出口企业扩展市场领域，进行出口转移的顾虑；二是积极承保出口企业的长账期赊销业务，以此应对国外进口商纷纷要求延长付款期限的情况；三是积极发挥政策性信用保险职能，支持企业以非信用证结算方式出口。就在 2008 年，出口信用保险全年支持出口 432 亿美元，短期出口信用保险实现保额同比增长 30.3%，达 364.7 亿美元，保险费增长 26.6%，为 2.3 亿美元；中长期险全年承保金额 26.4 亿美元，保险费 1.7 亿美元，已决赔款 1.1 亿美元，同比增长 215.3%，追偿收入 9696.2 万美元，同比增长 57.6%。中国出口信用保险公司为出口企业在金融危机形势下渡过难关提供了有力支持。

　　出口信用保险除了能提供风险保障之外，还可利用独特的信息渠道，降低企业走出去的信息成本，帮助企业收集和了解相关情况，从而增强企业规避风险的能力，为出口企业提供风险保障。出口信用保险也为企业节约因自身进行风险管理而需付出的运营成本，有利于改善企业财务状况，降低了公司的财务费用。通过投保出口信用保险，出口企业可以以交纳保费的形式将其不确定的风险固定化，既可以在出险时获得补偿，又有利于成本核算。此外，出口信用保险还通过债务追偿能够最大限度地减少和挽回外贸企业出口贸易中的直接损失。

　　(三) 企业融资

　　多数出口商在从事出口时需要从银行贷款或融资，资金短缺问题往往是制约企业扩大出口的重要因素，而在获取融资方面出口信用保险的设立为出口企业提供了便利。从国际上来看，出口信用保险和出口信贷就是通常所说的出口信贷体制。出口信用保险和出口融资往往是企业在开拓国际市场中一起出现的，特别是能为银行信贷提供保障的信用担保，大大方便了企业融资。此外，银行贷款的风险在出口信用保险的保障下会大大降低，同时银行利率也会根据收益和风险的关系相应下调。甚至有些国家法律做出明确规定，例如，日本银行同意发放出口信贷必须以出口商投保出口信用保险为前提。在日本，为了扶持产业发展，对成套设备的出口如果投保了出口信用保险，在利息也比商业银行更为优惠的情况下，可从进口银行获得出口额的 70%~80% 的贷款。

出口信用保险是政府支持出口的政策性保障措施，目前它不仅提供传统融资服务包括买方和卖方信贷保险及出口押汇等，又通过业务拓展，推出了与银行合作的出口信用保险短期险项下的贸易融资业务，即：为获得银行的信贷支持，出口企业可以将出口信用保险项下的赔款权益转让给银行；通过出口押汇保险，银行则可以更加放心地给企业提供贷款。出口信用保险项下的贸易融资有两大显著特点：一是融资方式便捷，节约融资成本。不同于过去传统意义上的担保贷款和抵押、质押，短期出口信用保险项下贸易融资是在出口商投保出口信用保险并将赔款权益转让给融资银行的前提下，采取信用贷款的方式，以出口应收账款的权益作为贷款的基础，全面分析出口企业的国外应收账款和真实出口业绩，并据此提供信用贷款。在这种全新的贷款模式下，出口商一般无须提供抵押、质押或担保即可获得融资，获得了便利的融资渠道，节约了融资成本。二是融资币种灵活，方便企业需要。尤其是在金融危机背景下，货币汇率不稳定，企业面临的汇率风险加大。为避免汇率风险，出口商选择以出口信用保险方式融资，就可以灵活选择以出口业务的结算货币或是人民币作为融资币种。比起其他融资方式，这种融资方式成本要低 50%。企业凭借出口信用保险提高了自身的银行信用等级，获得资金融通，加快资金周转，缓解了企业出口资金短缺的矛盾，从而进一步扩大出口规模，提高出口竞争力。

2018 年，中国出口信用保险公司支持投保企业获得银行融资 3269.1 亿元人民币（折合 494.8 亿美元）。截至 2018 年底，与中国出口信用保险公司有实际合作业务的银行达 266 家，累计支持企业获得信用保险项下融资超过 3.3 万亿元人民币，广大中小企业成为贸易融资的最大受益者。借助该融资，企业就可以解决流动资金不足难题，加快周转速度，从而走出金融危机等带来的困境，获得更大的发展。

（四）优化出口结构及贸易方式

以上的三种功能，如果我们可以认为是出口信用保险的微观功能的话，那么优化出口市场结构、出口商品和产业结构及贸易方式则是出口信用保险的宏观功能。

出口信用保险是实施市场多元化战略的助推器。出口信用保险机构不仅能够通过积极参与国际合作，全面调查分析世界各个市场的信用和风险，充分掌握信息，而且本身拥有国际贸易风险管理的专业化优势，从而准确把握各个出口市场的风险。

在当今国际市场上，西方传统强国如美国、欧盟、日本等国家的市场已经基本饱和，所以对出口目的地的选择需要越来越多地转移到南美、非洲、中东等新兴区域。而这些区域的最大特点是局势很不稳定、贸易环境较为恶劣、市场很不规范且风险系数较高。而出口企业通过投保出口信用保险，在保险机构的评估和建议下，就可以在充分考虑各国各地区的风险状况的基础上制定相应的出口计划，积极服务国家"一带一路"倡议，有针对性地开发新产品、开拓新市场，使各国出口商大胆地进军这些新兴市场，拓宽了客户的选择面，促进了企业出口业务的横向发展，从而实现了对外贸易市场的多元化。此外，出口信用保险优化出口市场结构的措施还有针对不同国别或区域采用的差别费率。

近年来，出口信用保险除了有优化出口市场的功能之外，中国出口还迅速增长，特别是机电和高新技术产品的出口，占外贸出口的比重不断上升，这与出口信用保险加大对机电和高科技产品的支持是分不开的，体现了出口信用保险对中国出口产品结构的优化功能。2018 年，对自主品牌、战略性新兴产业、电子信息产品、汽车、医药等重点行业出口的覆盖面均超过 20%。可见，出口信用保险在优化中国的贸易结构，改善出口商品结构和提高出口商品质量和效益方面发挥了积极作用，有效地促进了产业升级、技术进步和国民经济快速持续健康发展。

此外，出口信用保险机构在实际承保过程中，可以将费率和限额作为两个支点，以期在严格控制风险的基础上，在促进出口和保证本国资产安全之间进行动态调控，实现推动出口效用的最大化。这两大支点的变化既能促进产业结构的升级，又能对出口发挥放大和缩小的作用。例如，对于船舶制造行业等国家重点发展的产业，出口信用保险机构可以适度扩大限额，从而促进中国产业结构的调整。

在优化贸易方式方面，近年来中国贸易方式结构一直不太合理，主要表现为存在研发和市场"两头在外"现象，而加工贸易比重较大的不合理现象，这使中国在贸易利益分配格局中处于不利地位，因此，中国应优化贸易方式，逐步扩大一般贸易的比重。从出口信用保险对一般贸易的渗透率来看，从 2002 年的 2.02%上升到 2003 年的 3.14%，2004 年的 5.5%，2005 年的 6.7%，2006 年的 7.35%，2007 年的 7.43%，2008 年的 10.13%，2009 年则上升到 18.6%，2010 年的 22.8%，2011 年 23.6%，以后年份均稳定在 25%以上。这一指标显示，出口信用保险对一般贸易的支持作用正在加大，中国贸易方式不合理的现象正在逐步改善。

三、出口信用保险支持下的小微企业发展

（一）出口信用保险制度及其对小微企业发展的风险防控机制①

近几年国家高度重视小微企业，鼓励大众创业、万众创新，大力促进小微企业的发展，国家"一带一路"倡议也给小微企业的出口带来了机遇。尽管出口型小微企业是中国外贸经济的重要组成部分，但受全球经济疲弱，世界地缘政治紧张有增无减的局面和贸易保护主义盛行等多方面因素的影响，出口型小微企业的发展面临着诸多困难和压力。基于此，出口信用保险作为一项政策性的金融工具，该工具的实施能够帮助小微企业开拓经营业务和降低经营管理风险，助力小微企业的全面健康发展。2013 年8 月，国务院出台了《关于金融支持小微企业发展的实施意见》等相关扶持政策，主要是从金融领域对其提供切实可行的扶持和帮助，要求充分挖掘保险工具的增信作用，大力发展贷款保证保险和信用保险业务，稳步扩大出口信用保险对小微企业的服务范围。2016 年 5 月，国务院在《关于促进外贸回稳向好的若干意见》中也提出：进一步降低短期出口信用保险费率，充分发挥出口信用保险作用；加强银贸合作，鼓励和支持金融机构进一步扩大出口信用保险保单融资规模。

出口信用保险在对于小微出口企业的功能方面，主要是降低和规避信

---

① 贾广余. 基于出口信用保险机制的我国小微企业发展问题研究［J］. 财经理论与实践，2018（1）.

用风险，提供风险补偿，便利融资，拓展国外市场等，有效促进小微企业的发展和壮大。

1. 降低国际收汇风险

出口信用保险作为一项政策性金融工具，其最重要的一项职能就是帮助出口企业降低国外信用风险，保证收汇安全。国际贸易是面向国际市场的，概括来说，出口小微企业主要面临着两大风险。

（1）商业风险。是指出口贸易中发生信用欺诈或因买家发生支付困难等情况，最终导致出口商无法收回货款。这种风险极易发生且成因复杂，其中主要的原因就是国内小微型企业，由于对国外市场的了解不足，对于国外合作方的财务及经营状况无法全面掌握，一旦发生货款无法收回的情况，就会使小微企业遭受巨大损失，也常常因为担心商业风险被迫放弃贸易机会，束缚小微企业的良性发展。在这方面，出口信用保险具有非常重要的职责，会对国外企业的运行状况进行掌握和了解，有针对性地为国内投保企业提供与国外客户交易前的风险评估，并负责追踪、调查和监督过程。在充分了解国外客户的真实经营以及财务状况之后，中国出口信用保险公司将其反馈给投保企业，为所服务的企业提供制定进一步战略的有效参考，从而加强了信用风险的控制，保证了国内出口企业回收货款等资金流方面的安全性。

（2）政治风险。这类风险发生的概率相较于商业风险要小，但只要发生，就会给出口企业造成严重的损失。风险主要来自买方国家的政治变动、战争和其他一系列涉及对外贸易方面政策的变化，这是合作的两方企业没有办法进行控制的，造成的风险通常也是出口企业自身难以承受的。如今的世界经济形势复杂多变，国际政治局势的动荡及法律法规的不确定性，再加上出现越来越多的贸易壁垒，出口小微企业对于这种说来就来的政治风险，值得高度重视。作为国家的政策性金融工具，出口信用保险可以有效地防范这类风险，一旦国外买方相关风险发生，出口信用保险公司则承担保险补偿责任，减少企业的损失。

总之，有大量的国外企业信息的出口信用保险公司，能够有效地利用数据库内容对其进行信用评级，定期提供给出口企业，从而让出口企业获得一个很好选择贸易对象的方式。中国出口信用保险公司推出新的 ERI 信用评定指数系统，主要就是给予国内相关企业进行有效的信用判断依据，而且专门针对与国内企业合作密切的一些国家和地区，连续十年发布《国家风险报告》，重点分析了这些国家的政治和经济方面的风险和趋势。

2. 提高融资能力，降低融资风险

在融资方面，相较于大型企业，小微企业有其自身的局限性：第一，经营规模较小，企业实力相对较弱，存在抗风险能力差，在对外贸易方面存在信息不灵、缺乏经验等问题，所面临的市场风险要比大型企业大；第二，从整体上来说，经营不是非常规范，财务方面存在信息不透明等问题，信用不高。这些局限性制约了出口小微企业融资的便利性，而融资问题也成为企业面临的最严峻的难题之一，甚至可能导致部分小微企业难以为继。

企业融资通常通过两种融资渠道：直接融资和间接融资。出口小微企业普遍由于规模较小、实力较弱，出口贸易等方面都有很明显的风险，无法承担相应信息披露的成本，所以在大部分情况下，小微企业基本都被直接融资体系摒除，他们对于银行的间接融资更加有所需求，可是从银行的利益角度而言，小微企业并不是他们比较好的服务对象，严格的贷款条件和审贷评估政策，很容易又将小微出口企业排斥在正规间接融资体系之外。

出口信用保险提供的风控机制能够给予相对处于劣势地位的小微企业很有效的一个方式去解决当前的问题，基于信用保险融资项目下，保险公司会对买方的资产信息进行评估，同时会对买方国家的政治经济状况进行考量，最终才能够签发保单，对应收账款进行承保，此时，出口小微企业的应收账款成为具有安全性和流动性的资产，作为可估价的抵押品，便利出口企业在银行的融资，提高相应的融资额度。而且由于出口信用保险的政策性地位，信用度与国家密切相关，因此，可以凭借较少的资金，利用承诺和担保的方式来促进商业信贷广泛参与到企业的出口融资过程中来，增加可用融资资源，使商业资金充分支持出口贸易的发展。在出口信用保险机制下，保险公司、银行和出口企业各自承担自己的职责，共同进行风险的分担，保险公司承担进口商的政治风险和商业风险，银行对于出口企业的资信进行评估，出口企业则负责完成贸易合同的职责，这种专业化的分工与合作会大幅降低企业的收汇风险和银行的贷款损失，进而提高银行对小微企业出口融资的积极性。

3. 降低国际市场业务风险，拓展国外市场

当前国际市场形势严峻、竞争激烈，从而对国内的出口企业有了更高的要求，除了最基本的价格和质量方面之外，还涉及小微企业的出口资金问题。在如今复杂多变的国际市场环境中，能够先付款后发货的方式已经不再通用，而且整个回款周期不断的延长，这就让小微企业不得不进行垫付生产资金并且比例越来越高。同时，原材料和劳动力价格不断的上升，小微企业承担的生产成本也越来越高，但是产品销售价格的上调空间却极其有限，大大压缩了企业的利润空间。如此一来，出口小微企业所要面临的问题是继续扩大销售利润还是进行财务风险控制，这是大多数小微企业在发展海外市场时所要面临的一个矛盾的选择，而出口信用保险作为一种专业性的金融工具，通过降低收汇和融资风险，可以有效地解决这一矛盾。

同时，国际市场还对支付方式等提出了更高的要求，具有便利性的非信用证支付等多重的支付方式也渐渐成为了小微企业能够具有竞争力的手段，也变成了海外的买家选择企业进行合作的考察条件。便利的支付方式却给出口企业带来更多的收汇风险。为此，对于小微企业来说，投保出口信用保险，通过缴纳一部分比较少的保险费用来转嫁潜在的收汇风险，降低企业的运营风险，从而在此基础上，选择多重的付款结算方式，采用非信用证方式进行贸易，提高企业的竞争力，在有效控制风险的同时不断开拓新客户，占领新市场。

(二) 出口信用保险支持下我国出口小微企业的发展状况及当下问题

以服务国家为指导的出口信用保险，发挥着越来越重要的政策性作用，尤其是在促进经济增长和产业升级、支持外贸发展、保障国家经济安全等方面。在"大众创业、万众创新"战略号召下，中国出口信用保险公司采取多种举措，提高政策性资源利用效率，不断增强服务小微企业的能力。《中国出口信用保险公司政策性职能履行评估报告》显示：2015 年，中国信保小微出口企业项下承保金额 409.4 亿美元，短期出口信用保险累

计服务支持小微出口企业 3.9 万家，全年新增小微出口企业客户近 1 万家，服务支持的小微出口企业客户占全国小微出口企业总数的 16.39%，支持小微企业获得融资 157.35 亿元，有效帮助小微企业缓解了"融资难、融资贵"等问题。2016 年支持小微企业突破 5 万家，对小微出口企业的覆盖率达到 21.3%。近几年，小微企业投保客户规模及覆盖率如图 3-5 所示：

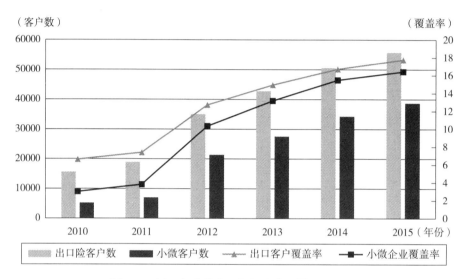

图 3-5 近几年小微企业投保客户规模及覆盖率

虽然中国小微企业利用出口信用保险的客户数在逐年增加，覆盖率也大幅上升，但是仍然存在以下四方面的问题：

1. 费率偏高，制约承保规模的扩大

随着国家政策扶持小微企业，中国出口信用保险公司的费率相较于之前有了大幅的下调，但和目前严峻的出口形势和企业日益缩小的利润空间相比，出口信用保险费率仍然偏高，这样就会造成高风险的出口小微企业会选择投保出口信用保险，而风险较低的出口商可能会因为不想加大成本而抱有一定的侥幸心理，不参保或退保。但是，中国出口信用保险公司会为了取得利润维持发展，可能会向投保的高风险出口小微企业收取更高的费率，这样一来，便会造成恶性循环，严重影响出口信用保险在支持小微企业发展方面的作用。

2. 服务水平和质量有待进一步提高

目前大中型国有企业仍然是出口信用保险的主要服务对象，尽管对小微企业设立了独立险种"小微企业信保易"，但由于额度方面具有重重限制，严格的审批流程，而且保费偏高等原因，其支持力度有待提高。从整体来看，出口信用保险服务小微企业的业务仍处于起步阶段，尚未发挥充分的支持和保障作用，主要体现在针对小微企业的险种需进一步完善和优化，合作银行开发的广度和深度不足，出口信用保险保单融资功能较弱，更是缺乏增值服务等。另外截至目前，中国出口信用保险公司共有分公司25 家，营业管理部 3 家，而海外机构只在伦敦设立了代表处。国内基本上都是省级网点，并且尚未覆盖全国所有省份，地级市甚至县级市的网点就更是稀缺。由于设置的网点少，业务办理不方便，这对于分布广泛的众多小微出口企业而言，投保意愿大幅减弱，也就降低了企业的风险防控能力和国际市场拓展能力。

3. 小微企业对于出口信用保险作用认识不足

众多小微企业总体规模非常小，其所出口商品主要为劳动密集型产品，产品附加值较低，尤其是近年来，周边新兴工业国家劳动力相对廉价，对我国劳动力资源产生了巨大的冲击，加上这些地区的原料价格低，令以往我们所依托的竞争优势逐渐消失，对于企业来说，相应的利润空间由此而被进一步的压缩。在这样的背景之下，企业对成本的控制就会更加严格。扩大销售利润与控制财务风险成本的矛盾凸显，出口企业相关的压力本身就十分巨大，投保对其而言，业务成本不降反升，会加剧影响其竞争力，而企业决策者往往忽略了出口信用保险对企业融资带来的便利性和所提供的风险保障。此外，随着中国和一些欧美国家发生贸易上的摩擦，这些公司会因为反倾销、绿色贸易壁垒、蓝色贸易壁垒等非关税壁垒造成的损失越来越大。出口信用保险作为一项政策性的保险相较于一般的商业保险往往会给出口小微企业带来更多的优势，因此，出口小微企业应该升级对于出口信用保险的认识，不应只停留在"只会增加企业成本"的阶段，避免犯"捡了芝麻，丢了西瓜"的低级错误。

四、实施出口信用保险的成本收益分析

结合前面章节的分析，出口信用保险制度其实作为一种国家干预下的贸易保护政策和出口贸易的直接补贴相比具有三方面的优势：一是出口信用保险是世界贸易组织规则上允许的支持出口的政策手段，而后者是被禁止的，所以出口信用保险具有法律成本低的优势；二是通过前面的分析可以得出直接出口补贴会降低出口国的经济福利，造成贸易扭曲，而出口信用保险则可以通过风险承保比例和保险费率的设置达到降低风险、促进出口的目的，对贸易扭曲少；三是出口信用保险机构的经营原则是力求保费与赔费大体平衡，给政府带来的财政负担低。接下来，我们具体分析一下出口信用保险政策对于中国出口贸易的重要性及实施成本。

（一）出口信用保险与当前经济形势政策

以保罗·克鲁格曼（Paul R. Krugman，2001）为代表的新贸易理论认为，由出口鼓励政策带来的出口扩张可以产生规模经济并通过提供信息交流渠道和引入竞争机制等途径，促进国内企业的技术进步和制度创新，从而实现经济的持续增长。自20世纪80年代以来，世界各国选择充分利用国际市场逐渐成为共识，以此来加快自身经济发展，甚至把开拓国际市场上升为国家战略。以日本为代表的许多后发展的国家和地区，正是通过发展出口导向的外向型经济，才获得了经济的突飞猛进。同样，出口导向型经济为我国带来了经济的高速增长，同时也积累了大量的外汇资金，这种增长引擎对于中国经济增长起到了十分重要的作用。统计表明，1978～2007年，中国GDP年均实际增长9.8%，其中，外需对经济增长的年均贡献率在20%，年均拉动经济增长近两个百分点。然而当前在国内经济新常态的发展要求及国际贸易领域新型贸易保护主义抬头的双重压力下，中国出口企业在国际贸易领域面临更多的不确定性增加，风险加大。

出口信用保险作为鼓励本国国际贸易、海外投资而建立的政策性保险制度，是政府对市场经济的一种间接调控手段和补充，而且更重要的是这种制度是世界贸易组织补贴和反补贴协议原则上允许的支持出口的政策手

段。稳定外需是中国的长期战略性任务，而积极的出口信用保险政策则是降低外贸企业财务风险，稳定外需的重要保障。

从上文出口信用保险的效用分析可以看出，在保障外贸事业健康发展和促进出口方面，各个国家出口信用保险已成为重要一环。目前，在我国，出口信用保险不仅是帮助出口企业做大做强的助推器，更重要的是出口信用保险能够帮助出口企业成功规避政治、商业风险，为企业国际化的发展保驾护航。目前共建"一带一路"、支持外贸稳中向好、促进实体经济发展、助力小微企业成长成为中国出口信用保险业务重点。

经济金融危机爆发，各国贸易保护主义愈演愈烈，贸易保护主义问题受到全球范围内的高度关注，易受到国际法律规则制约的各国鼓励出口的财政政策，也易引起对方国家的反对和报复。为此，在两次 G20 会议上，各国元首明确坚决反对贸易保护主义，并共同发表了庄严声明，要求减少和消除贸易壁垒。结合中国出口贸易发展的实际来看，无论经济增速变化如何，国内经济环境如何，出口信用保险能够有效降低中国出口企业所面临金融风险的冲击，使世界经济发展和金融危机对中国企业造成的负面影响控制在一定范围内。在当前国际经济形势和中国经济进入新常态阶段下，出口信用保险将在中国对外贸易领域发挥着更加重要的作用。

(二) 出口信用保险的成本分析

当然，任何一种政策制度的实施都有相应的成本，我们对出口信用保险进行成本分析。

1. 产生了新的逆向选择和道德危险

在出口信用保险市场交易中，交易双方的信息不对称是一个普遍的现象，信息不对称会产生两个问题：逆向选择和道德风险。按照逆向选择理论，偏高的费率使低风险的投保人不愿参加或退出保险，而高风险的投保人具有较大的投保积极性。如果想保持收支平衡，保险人只能向剩下的投保人收取更高的费率。这将进一步导致风险相对偏低的人退出保险，如此恶性循环将最终导致保险费率不断攀升，而费率的攀升继续影响出口企业投保的积极性。一方面，风险单位的不足显然会导致出口信用保险公司较低的盈利水平；另一方面，出口信用保险还往往会诱发投保人的道德危险。在没有购买出口信用保险之前，那些潜在的投保人总是小心翼翼的提防着风险，随时随地准备采取避免风险的行动，以尽量减少由于风险出现可能导致的损失，因为在这种情况下，风险所造成的损失是完全自负的；然而，一旦购买到保险之后，这些投保人往往就变得"粗心大意"起来，不像以前那样谨慎，因为此时出现风险的损失会由保险公司承担一部分甚至全部。保险公司所面临的道德危险会进一步造成市场机制的困难。

2. 业务经营管理成本

业务经营管理成本指公司在业务经营及管理中发生的各项费用，包括固定资产折旧、业务宣传费、业务招待费、业务管理费和摊回分保费用等。业务管理费又包括邮电费、印刷费、差旅费、会议费、水电费、租赁费（不包括融资租赁费）、修理费、企业财产保险费、外事费、公杂费、咨询费、审计费、绿化费、宣教费、无形资产摊销、工会经费、职工工资、职工福利费、职工教育经费、劳动保险费、劳动保护费、社会统筹保险费、银行结算费等。每年业务经营管理成本占到当年营业收入的20%，2015年达到16.91亿元；受金融危机的影响，2009年业务经营管理成本为7.62亿元，占到当年营业收入的48.8%，为最高。

3. 赔付支出成本

赔付支出成本主要包括赔款支出和追偿支出等。赔款支出主要是指公司按保险合同规定支付给被保险人的赔款，其中，还包括理赔勘查支出、摊回分保赔款支出。理赔勘查支出是指在赔案成立条件下公司聘请专业技术人员对保险标的损失进行估损鉴定等发生的支出。而摊回分保赔款支出是指公司分出分保业务发生赔款后收到分入分保公司支付的应由其承担的赔款支出。摊回分保赔款支出抵减赔款支出。追偿支出则是指公司追偿业务支付给追账公司、经纪人公司的佣金和因追偿业务发生的诉讼费、律师费、仲裁费、翻译费等。2007年赔付支出为2.32亿元人民币，而自金融危机爆发以来，2008年赔付支出变为18.39亿元人民币，2009年达30.45亿元人民币。2008年和2009年赔付支出一项就接近或超过了当年出口信用保险业务的全部收入。不过，在出口信用保险大力支持下，2008年中国出口额达到了14306.9亿美元，为历年最高水平；即便是影响最严重的2009年出口额仍为12016.7亿美元，与危机暴发前的2007年基本持平。

每年赔付支出占到营业收入的 50% 以上，2018 年赔付支出约为 131.8 亿元，占比 65.6%。

在国外文献中，Bagci 等（2003）分析了出口信贷担保的经济成本收益，建议行政费用和资本的机会成本应计算出口信用保险机构的开支之内，但众多文献中由于数据的不易获得而未计算在内。

出口退税作为另外一种出口促进间接调控方式，相比出口信用保险来说，其实施成本更高。2003 年全国出口欠退税额累计超过 2000 亿元，尽管在随后几年通过中央和地方分担的方式进行了解决，出口退税会给国家造成巨大财政压力，并且出口退税引起了许多骗税案件，一年骗取的税金估计有几十亿元之多①。

五、关于出口信用保险效用成本的总结性分析

在国际贸易中各国都将出口信用保险作为国际通行的政策性金融工具而普遍使用。与减少出口环节收费、提高出口退税比例或直接补贴等侧重降低成本的政策相比，出口信用保险政策则更侧重支持出口企业采取灵活交易方式开拓国际市场，提升出口企业信心，增强出口竞争力，扩大贸易规模。② 出口信用保险对巩固订单、稳定外需、促进出口具有显著的杠杆作用，尤其是在国际金融危机形势下，具体分析来看有以下三点：

（一）出口企业信心可以借助于出口信用保险得以迅速提振

金融危机爆发后，欧美等传统市场上大量企业、银行破产倒闭，海外市场信用风险加大，贸易保护主义抬头，直接导致出口收汇风险明显上升。企业出口更加谨慎，往往是"有订单不敢接"。而可以帮助企业建立风险转移机制的出口信用保险，其损失补偿功能可以解除出口收汇的后顾之忧，有力支持企业大胆"承接海外订单"，破解"有订单不敢接"的难题。

---

① 茅于轼. 茅于轼质疑出口退税政策的必要性 ［Z］. http：//www. unirule. org. cn/Second Web/Article. asp？ ArticleID＝770，2000-08-18.

② 王毅. 切实贯彻国家稳定外需政策 ［N］. 金融时报，2009-08-20.

（二）出口信用保险有助于增强我国出口商品的竞争力

金融危机以来，由于一些国家的货币大幅贬值和出口产品价格相对下降的原因，抢走了中国出口企业的不少订单，相对减弱了中国出口商品的竞争力，导致企业出口市场份额下降。在此形势下，为保障外贸出口市场的稳定，有效提升中国出口商品的竞争力，我们可以充分利用出口信用保险的市场拓展和信用管理功能，帮助企业采用更具竞争力的支付方式"抢抓海外订单"。

（三）出口信用保险有助于解决广大出口企业融资难问题

受金融危机冲击，国外进口商及其融资银行的流动性不足，国际贸易融资困难加剧，加上国内众多中小出口企业长期面临融资瓶颈，造成交易量严重下滑，而且"有订单无力接"。出口信用保险的便利融资功能，可以有效缓解出口企业的资金瓶颈，增强融资银行信心，加速企业资金周转，提高企业"承接订单"的能力，进而带动企业进一步扩大出口。

出口信用保险这一政策性金融工具一直受到各国政府的高度重视，正是由于它能够对稳定外需和扩大出口能够产生放大和乘数效应。中国出口信用保险公司总经理针对短期出口信用保险的承保就认为"按照以往经验，如果实现 840 亿美元的承保规模，将直接拉动 500 亿美元的出口，据此测算，将带动和保障 1000 多万人与出口相关的行业就业，帮助出口企业创造 150 多亿元的利润，并使国内生产总值（GDP）增加 0.3 个百分点，消费增加 5.1 个百分点，投资增加 5.6 个百分点。"在金融危机环境下，为提高对本国出口的支持保障能力，发达国家政府均纷纷加大了对政策性出口信用保险的支持力度。据测算，2018 年，中国出口信用保险拉动中国出口金额超过 6400 亿美元，占中国同期出口总额的 25.9%；对 GDP 的贡献率为 4.9%；拉动就业超过 1500 万人。

总之，相比出口信用保险对中国出口贸易的重要作用，即出口信用保险的所产生的收益而言，应该说出口信用保险以较低的成本产生了较高的收益。国家应适时进行财政补贴，并加大监管力度，充分利用出口信用保险的保障和促进功能，使之能够更好地为出口贸易服务，以促进中国经济的持续增长。

第四章
中国出口信用保险对出口贸易
影响效果的实证分析

  在前面的章节，从理论上对出口信用保险产生的原因及发挥的重要作用做了详细分析，然而，中国出口信用保险的发展是否促进了中国的对外贸易，在中国地区发展的差异性如何，并且对重点行业支持的效果如何等，还需实际数据的检验。因此，本章将从三个层面上予以逐步分析。首先，基于全国数据的分析，是中国出口信用保险的发展对出口总体状况促进的实际效果估测与分析；其次为基于省际面板数据的分析，研究出口信用保险在中国地区发展上的差异及出口促进效果；最后，基于行业数据的分析，针对中国出口信用保险重点扶持的机电产品和高新技术产品，检验了这两类产品出口及竞争力状况与中国出口信用保险扶持的相关性。而在基于全国数据的分析中，本书又分别针对出口信用保险的两个重点指标进行了分析：一是中国出口信用保险承保额与出口额的相关性分析；二是针对出口信用保险的另一重要指标——渗透率，构建计量模型，进行了对中国出口贸易促进效果的实证研究。

  在分析方法上，考虑以往研究的局限性，本章将采用面板数据及时间序列数据，多方的利用严谨的计量方法进行分析。

第一节 中国出口总体状况与出口信用保险：基于全国数据的分析

中国出口信用保险起步较晚，近年来，特别是在中国信保正式运营后，我国的出口信用保险业务迅速发展进入了一个崭新的发展时期。

自中国出口信用保险公司成立以后，不断完善产品体系，以短期和长期信用保险为主导，在加快发展业务的同时，重视风险管控。2001~2008年，中国出口信用保险公司承保金额年均增长70%，累计支持出口贸易约1400多亿美元。从2008年下半年开始，中国出口持续下滑，外贸形势极其严峻。为有效应对国际金融危机，中国出口信用保险公司采取多种措施，完善出口信用保险政策，支持企业出口。2009年短期出口信用保险承保规模突破840亿美元，全年出口信用保险渗透率达到8.2%，结束了多年来渗透率在3%的历史。2009~2013年累计实现承保规模约为1.1万亿元，2013年出口信用保险渗透率更是达到14.82%。2013年至今短期信用保险市场向商业保险适度开放，中长期信用保险业务仍由中国信保独家经营，人保、平安、太平洋和大地四家商业保险公司获准试点经营短期出口信用保险业务。出口保险渗透率指标最能反映一国出口保险发展情况，从这个指标来看，近年来中国出口信用保险渗透率一直呈现上升态势，如表4-1所示。

表4-1 中国出口信用保险渗透率

单位：亿美元

年度	出口信用保险承保额	全国贸易出口额	出口信用保险渗透率（%）
1989	0.7805	525.4	0.15
1990	1.0676	620.9	0.17
1991	1.3683	719.1	0.19
1992	1.474	849.4	0.17
1993	2.514	917.5	0.27

年度	出口信用保险承保额	全国贸易出口额	出口信用保险渗透率（%）
1994	3. 369	1210. 1	0. 28
1995	2. 391	1487. 8	0. 16
1996	3. 372	1510. 5	0. 22
1997	19. 553	1827. 9	1. 07
1998	24	1837. 1	1. 31
1999	25. 6	1949. 3	1. 31
2000	22. 5	2492	0. 90
2001	23. 8	2661	0. 89
2002	27. 5	3256	0. 84
2003	57. 1	4382. 3	1. 30
2004	133	5933. 2	2. 24
2005	212	7619. 5	2. 78
2006	296	9689. 4	3. 05
2007	396	12177. 8	3. 25
2008	432	14306. 9	3. 02
2009	987	12016. 7	8. 21
2010	1639. 8	15779. 3	10. 39
2011	2162. 4	18983. 8	11. 39
2012	2936. 5	20487. 1	14. 33
2013	3274. 4	22090. 0	14. 82
2014	3650. 7	23422. 9	15. 59
2015	3856. 4	22734. 7	16. 96
2016	3975. 3	20976. 3	18. 95
2017	4366. 6	22633. 5	19. 29
2018	5047. 2	24866. 8	20. 3

资料来源：出口信用保险承保额来自年度《中国保险统计年鉴》《中国出口信用保险公司年度报告》；中国信保公司网站；出口贸易额来自各年度《中国统计年鉴》。

但是，中国出口信用保险在发展中也存在一些问题，特别是中国出口信用保险的支持力度与中国作为世界第一大贸易国的地位相差比较大，充分认识和理解出口信用保险的积极作用，是中国出口信用保险发展的前提。

一、中国出口信用保险承保额与出口额的相关性分析

从表4-1我们可以看出，除了2008年以来个别年份国际金融或经济危机的影响之外，中国出口信用保险承保额和出口额多年都处在不断增长的状态，且增长幅度相当，因此，我们初步断定两者有一定相关性。更进一步地，对出口信用承保额与出口额进行回归分析它们之间的关系。根据表4-1中的相关数据，我们令 X 表示出口额，AMOUNT 表示出口信用保险承保额，为减少异方差、增加数据平稳性，对这些变量取自然对数。在进行回归分析时，主要采用基于误差修正模型的实证分析。

（一）关于误差修正模型的简要说明

误差修正模型（Error Correction Model，ECM）基本形式的形成是在1978 年由 Davidson、Hendry、Srba 和 Yeo 提出的，因此，又称为 DHSY 模型。建模时用数据动态非均衡过程来逼近经济理论的长期均衡过程，最一般的模型是自回归分布滞后模型（ADL）。

协整方法和误差修正模型是从经济变量的数据中所显示的关系出发，确定模型包含的变量和变量之间的理论关系，其检验结果具有稳定性和可靠性。运用协整方法和误差修正模型对两个变量序列之间的关系进行实证检验的基本步骤如下：

1. 单整检验

在对两个变量进行协整分析之前，首先要对其平稳性进行检验。如果两个变量序列（假设为 X_t 和 Y_t）必须经过 d 次差分以后才能成为稳定序列，则称其为 d 阶单整序列。目前普遍使用的用于单整检验的 ADF 检验法，是由 Dickey 和 Fuller（1979）提出并进行了改进。如果经检验发现，X_t 和 Y_t 都是同阶的单整变量，则可以通过 E-G 两步协整分析法对其关系

进行协整分析。

2. 协整检验

对自变量和因变量进行协整检验，我们通常采用的方法是 Engle 和 Granger（1987）提出的协整检验方法，其基本步骤如下：

（1）如 k 个序列 y_1 和 y_2，y_3，$\cdots$，y_k 都是一阶单整序列，利用 OLS 估计参数并建立回归方程：

$y_{1t} = \beta_2 y_{2t} + \beta_3 y_{3t} + \cdots + \beta_k y_{kt} + u_t$，$t = 1$，$2$，$\cdots$，$T$

模型估计的残差为：

$\hat{u}_t = y_{1t} - \hat{\beta}_2 y_{2t} - \hat{\beta}_3 y_{3t} - \cdots - \hat{\beta}_k y_{kt}$

（2）检验残差序列 $\hat{u}$ 是否平稳，也就是判断序列 $\hat{u}$ 是否含有单位根。通常可以采用 DF（Dickey-Fuller）检验或 ADF（Augmented Dickey-Fuller test）检验残差序列是否是平稳的。

（3）如果残差序列是平稳的，则可以确定回归方程中的 k 个变量（y_1，y_2，y_3，$\cdots$，y_k）之间存在协整关系，并且协整向量为（$\hat{\beta}_1$，$-\hat{\beta}_2$，$\cdots$，$-\hat{\beta}_k$），其中，$\hat{\beta}_1 = 1$；否则（y_1，y_2，y_3，$\cdots$，y_k）之间不存在协整关系。

3. 建立误差修正模型①

误差修正模型公式为：

$\Delta y_t = a\,(y_{t-1} - k_0 - k_1 x_{t-1} + \beta_2 \Delta x_t + u_t)$

最常用的 ECM 模型的估计方法是 Engle 和 Granger（1981）两步法，其基本的思想如下：

第一步是求模型：

$y_t = k_0 + k_1 x_t + u_t$，$t = 1$，$2$，$\cdots$，$T$

用 OLS 估计，又称协整回归，得到 $\hat{k}_0$，$\hat{k}_1$ 即残差序列：

$\hat{u}_t = y_t - \hat{k}_0 - \hat{k}_1 x_t$，$t = 1$，$2$，$\cdots$，$T$

第二步是用 $\hat{u}_{t-1}$ 替换误差修正模型公式中的 $y_{t-1} - k_0 - k_1 x_{t-1}$，即对：

$\Delta y_t = \beta_0 + \alpha\,\hat{u}_{t-1} + \beta_2 \Delta x_t + \varepsilon_t$

再用 OLS 方法估计其参数。

---

① 高铁梅. 计量经济分析方法与建模：Eviews 应用及实例［M］. 北京：清华大学出版社，2006.

误差修正模型不再单纯使用变量的水平值或变量的差分建模，而是把两者有机地结合在一起，充分利用所提供的信息。从短期来看，被解释变量的变动时由较稳定的长期趋势和短期波动所决定的，短期内系统对于均衡状态的偏离程度的大小直接波动幅度的大小。从长期来看，协整关系式起到引力线的作用，将非均衡状态拉回到均衡状态。

（二）出口信用保险承保额与出口额的数据相关性检验

1. 单位根检验

利用非平稳变量的自回归分析方法可能导致虚拟回归，所以有必要审查有关变量的平稳性。在这里我们采用 ADF 检验：采用的经济数列一般来讲，其随机误差项都存在着自相关，此时我们对其进行单位根检验可以通过扩展的狄克-富勒检验来完成，简称 ADF 检验。这一过程我们主要通过 EVIEWS 数据软件来完成；一般要求单位根据统计量 ADF 的值在给定的显著性水平下，小于 ADF 临界值时，认为此经济序列是平稳的，否则认为是非平稳的。

根据变量的特点对各个变量采用了包含截距项或同时含有截距项和趋势项的方法对各变量及其一阶滞后项采用 ADF 方法检验其稳定性，用 SIC 准则确定最优的滞后阶数，结果如表 4-2 所示。

表 4-2　各变量单位根检验的结果

变量名	ADF 检验值	检验类型 (c, t, n)	1%临界值	5%临界值	是否平稳
X	-0.346981	(1, 0, 0)	-4.309824	-3.574244	非平稳
AMOUNT	-2.465011	(1, 0, 0)	-4.323979	-3.580623	非平稳

注：(c, t, n) 中的 c 表示截距，t 表示时间趋势，n 表示滞后阶数。

从表 4-2 可以看出，各个序列的 ADF 检验值均大于显著水平为 5%的临界值，所以以上序列都是在 5%的显著水平上存在单位根，即都是非平稳序列。下面对检验各个变量进行差分以后的平稳性，先做一阶差分看其是否平稳，如果是则停止，否则进行二阶差分或更高阶差分看是否平稳。

各变量一阶差分后单位根验证的结果如表4-3所示。

表4-3　各变量差分后单位根检验的结果

变量名	ADF 检验值	检验类型 （c，t，n）	1%临界值	5%临界值	是否平稳
ΔX	-4.463403	（1，0，0）	-4.323979	-3.580623	平稳
ΔAMOUNT	-4.347768	（1，0，0）	-4.323979	-3.580623	平稳

注：（c，t，n）中的 c 表示截距，t 表示时间趋势，n 表示滞后阶数。

由以表4-3可以看出，各个变量的一阶差分以后都能在1%的显著水平上通过 ADF 平稳性检验，说明各个变量是一阶单整的。

2. 协整检验

在对经济序列进行单位根验证，检验其平稳性以后，应用最小二乘法（OLS），在数列之间建立起线性回归方程；这一方程的稳定性，也就是数列之间的关系是否稳定，看是否存在着协整关系，依旧需要进行检验；为此通过对方程残差进行检验，我们应用 ADF 方法对其进行验证来确定其是否存在稳定的协整关系。如果验证结果是平稳的，我们就可以认为，经济数列之间存在稳定的协整关系。

经过协整检验，应用最小二乘法计算回归方程，从而得到协整方程为：

$$X(t)=6.526435+0.430845AMOUNT(t)+e(t)$$
$$(100.4731)^{***}　　(35.85563)^{***}$$
$$R^2=0.98　　　　D.W.=0.93^①$$

通过检验发现，得到的 DW 值偏低，为此，经试算，我们在检验中引入 AR（1）和 AR（2）项修正模型的自相关，模型得到有效改善，最终协整方程为：

$$X(t)=6.537051+0.428496AMOUNT(t)+[AR(1)=0.708939+AR(2)=-0.355429]+e(t)$$
$$(81.51929)^{***}(21.68192)^{***}　　(3.970748)^{***}　　(-1.821685)^{**}$$

① 方程括号内（t）为统计量。***表示 α=0.01 的显著水平。

$$R^2 = 0.99 \qquad D.W. = 1.95^{①}$$

对得到的残差序列进行 ADF 检验如表 4-4 所示。

表 4-4　对协整方程残差检验的结果

变量名	ADF 检验值	检验类型 (c, t, n)	1%临界值	5%临界值	是否平稳
e_t	-5.302963	(0, 0, 0)	-2.647120	-1.952910	平稳

注：（c, t, n）中的 c 表示截距，t 表示时间趋势，n 表示滞后阶数。

由表 4-4 可以看出，残差序列的 ADF 检验的统计值 ADF = -5.302963 在 1%的显著性水平上是显著的，因此，我们可以认为，出口额 X 和出口信用保险承保额 AMOUNT 之间存在长期协整关系。

3. 建立误差修正模型

出口额 X 和出口信用保险承保额 AMOUNT 之间存在协整，表明它们间有长期均衡关系。从短期来看，可能会出现失衡，为了增强模型的精度，我们把最终协整方程中误差项 e（t）看作均衡误差，通过建立误差修正模型把短期行为和长期变化联系起来。误差修正模型的结构如下：

$$\Delta X(t) = \alpha + \beta \Delta AMOUNT(t) + \gamma e(t-1) + \varepsilon_t \qquad (4-1)$$

我们用 ΔX 和 $\Delta AMOUNT$ 分别表示 X 和 AMOUNT 的差分序列，然后以 ΔX（t）作为被解释变量，以 $\Delta AMOUNT$（t）和 e（t-1）作为解释变量，并在模型中引入 AR（1）和 AR（2），估计回归模型式（4-1），最终得到误差修正模型的估计结果为：

$$\Delta X(t) = 0.154941 + 0.197024 \Delta AMOUNT(t) - 0.202746 e(t-1) +$$
$$(118.7835)^{***} \qquad (86.16181)^{***} \qquad (-18.24708)^{***}$$

$$[AR(1) = -0.681535 + AR(2) = -0.276509 + AR(5) = 0.053027] + \varepsilon(t)$$
$$(-40.24849)^{***} \qquad (-17.73747)^{***} \qquad (6.017293)^{**}$$

---

① 方程括号内（t）为统计量。** 表示 $\alpha = 0.05$ 的显著水平，*** 表示 $\alpha = 0.01$ 的显著水平。

$R^2 = 0.99$　　　　　D. W. $= 2.3$①

上述估计结果表明，差分项反映了短期波动的影响，即系数 0. 197024 表示短期内出口信用保险承保额的增加会带动出口的增长程度；而误差修正项的系数大小反映了对偏离长期均衡的调整力度，即 -0. 202746 表示短期波动偏离长期均衡时，将以 -0. 202746 的调整力度将非均衡状态拉回到均衡状态。

4. 实证结果分析

从以上的实证检验分析可以得出结论，出口信用保险承保额的增长对中国出口贸易具有正效应。从长期来看，出口信用保险承保额与出口贸易额之间存在长期稳定的均衡关系，且承保额对出口额的弹性系数为 0. 428496，这意味着出口信用保险承保额每增加 1 个百分点，中国出口贸易额将增加 0. 428496 个百分点，正效应比较明显，也基本上验证了中国信保针对短期出口信用保险的承保情况 "按照以往经验，如果实现 840 亿美元的承保规模，将直接拉动 500 亿美元的出口" 的说法。从短期来看，出口信用保险承保额对出口贸易额的弹性系数为 0. 197024，要低于长期弹性系数，说明出口信用保险承保额的增长对出口贸易促进的长期影响更为显著。误差修正系数为负数（ -0. 202746），符合相反修正机制，说明长期均衡趋势对出口贸易额的增长具有较强的调节作用。

二、出口信用保险对出口促进的一个理论模型分析

本书将通过引用 Hideki Funatsu（1986）模型，解释未购买出口信用保险的企业的出口额比投保企业的出口额更少，从而证明出口信用保险有促进出口的作用。②

假设外国市场的产品价格对于企业而言是固定的 P_f，企业是价格的接受者，并出口它的所有产品，而且不存在汇率风险，但是由于国外存在的不可预见的商业风险或政治风险，企业可能不会从进口商那里获得所有的

---

① 方程括号内（t）为统计量。＊＊表示 $\alpha = 0.05$ 的显著水平，＊＊＊表示 $\alpha = 0.01$ 的显著水平。
② Hideki Funatsu. Export Crdit Isurance ［J］. The Journal of Risk and Insurace, 1986（53）: 680-682.

付款。

在这种情况下，我们假设企业利润为 π，则 $\pi = (1-\alpha)px - f(x) - b$，其中，p 表示产品价格，x 表示出口数量，f(x) 表示所有可变成本函数，b 表示固定成本，α 表示随机变量，且 $0 < \alpha < 1$。

进一步做如下假设：

（1）企业目标是最大化利润的期望效用。

（2）效用函数满足偏好的冯·纽曼-摩根斯坦公理。

（3）效用函数 $u(\pi)$ 是二阶可微的，且 $u' > 0$，$u'' \leq 0$。

（4）可变成本函数也是二阶可微的，且 $f' > 0$，$f'' < 0$。

故企业的目标函数为：$MaxEu(\pi) = \int_{0}^{1} u(\pi)g(\alpha)d\alpha$。

其中，E 表示期望，$g(\alpha)$ 是 α 的概率密度函数。

将目标函数最大化，其必要条件为：

$$E\{u' \cdot [(1-\alpha) \, p - f']\} = 0 \tag{4-2}$$

在满足假设（3）和（4）的情况下，目标函数最大化的充分条件为：

$E\{u'' \cdot [(1-\alpha) \, p - f']^{2}\} - f''Eu' < 0$

其中，变量 α 表示国外市场由于国外市场中的各种风险所导致的销售损失占总销售的比率，只有 $\alpha = 0$ 才表示企业能得到所有的出口销售收入。

命题：在国外市场不确定的条件下，风险中立的企业出口比没有损失的情况下的出口更少，且风险厌恶企业的出口比风险中立企业的出口更少。

证明：将式（4-2）变形得：

$E\{u'(1-\alpha) \, p\} = E(u'f')$

$\Rightarrow \quad E\{u'(1-\alpha) \, p\} = E(u') \cdot f'$

$\Rightarrow \quad [Eu' - E(u'\alpha)] \cdot p = E(u') \cdot f'$

$\Rightarrow \quad \left(1 - \dfrac{E(u'\alpha)}{Eu'}\right)p = f' \tag{4-3}$

令 X^c、X^n、X^α 分别表示没有损失的情况下的出口（即确定情况下的出口）、风险中立企业的出口、风险厌恶企业的出口，并且 $E(u' \cdot \alpha) = \bar{\alpha}Eu' + Cov(u', \alpha)$，其中，$\bar{\alpha}$ 是 α 的期望值。

在风险中立的情况下，$u''=0$，即 $Cov(u',\alpha)=0$；在风险厌恶企业情况下，$u''<0$，因为 u' 和 α 是 α 的增函数，所以 $Cov(u',\alpha)>0$。在无损失、风险中立和风险厌恶三种情况下，式（4-3）有以下的具体形式：

$$p=f'(X^c) \qquad\qquad （没有损失的情况）$$

$$(1-\bar{\alpha})p=f'(X^n) \qquad\qquad （风险中立情况）$$

$$\left(1-\bar{\alpha}-\frac{Cov(u',\alpha)}{Eu'}\right)p=f'(X^\alpha) \qquad\qquad （风险厌恶情况）$$

由于 $\left(1-\bar{\alpha}-\dfrac{Cov(u',\alpha)}{Eu'}\right)p<(1-\bar{\alpha})p<p$，且 f' 是 X 的一个增函数，所以 $X^\alpha<X^n<X^c$，即风险厌恶企业的出口少于风险中立企业的出口，而后者的出口又少于没有损失（即不存在风险）情况下的出口。

通过以上分析，第一种情况我们可以把它看作是投保后，企业不必担心风险时的出口，而后两种情况则是在未投保情况下对风险持不同态度的企业的出口。显然推断出的结论是，企业在不投保情况下的出口小于投保情况下的出口。

三、出口信用保险渗透率对中国出口贸易促进的实证分析

通过上面数据相关性和理论分析，可以得出出口信用保险有促进出口的作用，然而中国的出口信用保险政策是否也对出口起到了促进作用，尤其是近年来，国家把加大出口信用保险的渗透率（或覆盖面）在全国两会上列入政府工作报告，基于何原因，效果如何，还需要实际数据的验证。为了更好地研究对中国出口的影响因素，除了考虑出口信用保险渗透率之外，我们把作为出口相对价格指数和世界经济增长率作为另外的因素。使用时间序列数据，我们建立如下计量模型：

$$X(t)=\alpha+bINSUR(t)+cRP(t)+dINC(t)+e(t)$$

这里 X 表示出口额；INSUR 表示承保额与出口额的比值即渗透率；RP 表示出口价格指数与商品零售价格指数的比值，均以人民币来表示；INC 表示世界 GDP 增长率。所有的变量都取自然对数，e 表示误差项。

（一）变量的解释及参数估计

模型方程中的变量是经过多次选择而筛选出来的，最终验证协整关系比较明显，而且变量系数比较符合经济解释。

1. RP 与 X

随着中国出口商品价格相对于国内商品价格的提高，中国的出口会逐渐增加，反之，就会减少。原因在于价格直接与出口商的利润挂钩，出口价格越高，中国出口企业的收入就越高。模型方程中 b 可以称为出口的相对价格弹性，其符号应为正。

2. INSUR 与 X

根据之前文献的理论及实证分析可以得知，出口信用保险对出口贸易具有正向促进作用，在本书模型中我们假定 c>0 。

3. INC 与 X

根据传统国际贸易理论，世界 GDP 的增长与中国的出口具有正相关关系，即随着世界 GDP 的增长，外国居民会具有更多的国民收入，从而有更多的可支配收入，因此，将会具有更大的购买力，从而会增加对中国产品的进口，反之，就会减少对中国产品的进口，故模型方程中 d 的符号应为正。

（二）数据来源

出口信用保险承保额来源于各年度《中国保险统计年鉴》；出口额、GDP、零售商品价格指数（同比上年为 100）来源于年度《中国统计年鉴》；出口价格指数由《中国对外贸易指数》和《中国对外经济贸易年鉴》整理而得，同比上年为 100；世界 GDP 增长率来源于国家统计局国际数据。

（三）实证检验

我们进行实证检验的方法同样采用基于误差修正模型。

1. 单位根检验

计量模型中各变量单位根检验的结果如表 4-5 所示。

表 4-5 各变量单位根检验的结果

变量名	ADF 检验值	检验类型 （c, t, n）	1%临界值	5%临界值	是否平稳
X	1. 580683	（1, 0, 0）	-3. 857386	-3. 040391	非平稳
INSUR	-0. 708978	（1, 0, 0）	-3. 857386	-3. 040391	非平稳
RP	-2. 852274	（1, 0, 0）	-3. 857386	-3. 040391	非平稳
INC	-2. 193821	（1, 0, 0）	-3. 857386	-3. 040391	非平稳

注：（c, t, n）中的 c 表示截距，t 表示时间趋势，n 表示滞后阶数。

各变量一阶差分后单位根验证的结果如表 4-6 所示。

表 4-6 各变量差分后单位根检验的结果

变量名	ADF 检验值	检验类型 （c, t, n）	1%临界值	5%临界值	是否平稳
ΔX	-3. 300511	（1, 0, 0）	-3. 886751	-3. 052169	平稳
ΔINSUR	-3. 927742	（1, 0, 0）	-3. 920350	-3. 065585	平稳
ΔRP	-4. 113041	（1, 0, 0）	-3. 920350	-3. 065585	平稳
ΔINC	-5. 458026	（1, 0, 0）	-3. 886751	-3. 052169	平稳

注：（c, t, n）中的 c 表示截距，t 表示时间趋势，n 表示滞后阶数。

由上表可以看出，各个变量的一阶差分以后都能在 5%的显著水平上通过 ADF 平稳性检验，说明各个变量是一阶单整的。

2. 协整检验

经过协整检验，应用最小二乘法计算回归方程，从而得到协整方程为：

$X(t) = 12.91194 + 0.543696 INSUR(t) + 2.289628 RP(t) + 0.725076 INC(t) + e(t)$

（17. 71255）*** （5. 377189）*** （1. 471743）* （2. 989276）***

$R^2 = 0.90$ D. W. = 1. 3 ①

---

① 方程括号内（t）为统计量。*表示 $\alpha = 0.1$ 的显著水平，***表示 $\alpha = 0.01$ 的显著水平。

对得到的残差序列进行 ADF 检验如表 4-7 所示。

表 4-7　对协整方程残差检验的结果

变量名	ADF 检验值	检验类型 （c，t，n）	1%临界值	5%临界值	是否平稳
e_t	-5.282398	(0, 0, 0)	-2.740613	-1.968430	平稳

注：（c，t，n）中的 c 表示截距，t 表示时间趋势，n 表示滞后阶数。

由表 4-7 可以看出，残差序列的 ADF 检验的统计值 ADF=-5.282398 在 1%的显著性水平上是显著的，因此，我们可以认为 X 和 INSUR、RP、INC 之间存在长期协整关系。

3. 建立误差修正模型

我们用 ΔX、ΔINSUR、ΔRP 和 ΔINC 分别表示 X、INSUR、RP 和 INC 的差分序列，然后以 ΔX(t) 作为被解释变量，以 ΔINSUR(t)、ΔRP(t)、ΔINC(t) 和 e(t-1) 作为解释变量，并在模型中引入 AR（1）、AR（2）和 AR（5）项修正模型的自相关，进行回归估计，最终得到误差修正模型的估计结果为：

$$\Delta X(t) = 0.186548 + 0.076051 \Delta INSUR(t) + 0.660985 \Delta RP + 0.198948 \Delta INC -$$
$$(1.162017) \quad (3.236209)^{**} \quad (2.416586)^{**} \quad (5.238688)^{***}$$

$$0.288072 e(t-1) + [AR(1) = 1.443502 + AR(2) = -0.560982] + \varepsilon(t)$$
$$(-5.512414)^{***} \quad (3.982342)^{***} \quad (-1.442125)$$

$$R^2 = 0.86 \qquad D.W. = 1.77^{①}$$

在上述误差修正模型中，误差调整系数-0.29 表明当出口额离开均衡值时，其向均衡值调整的速度是 0.29。

（四）实证结果分析

根据模型的实证检验，均符合我们对变量的解释和估计，进一步可以

---

① ＊＊表示 α=0.05 的显著水平，＊＊＊表示 α=0.01 的显著水平。

分析得出：

（1）相对价格弹性 RP 为 2.29，统计上较为显著，并且从显示结果来看，符合传统理论的解释，RP 与 X 表现出正相关的现象。

（2）中国出口信用保险的渗透率统计上最为显著，相对于 X 的弹性为 0.54，也就是说出口信用保险渗透率每增长 1 个百分点，出口额将增长 0.54 个百分点，这也充分说明中国政府采取加大出口信用保险覆盖面力度的政策是非常正确的。

（3）世界经济 GDP 增长对中国的出口增长有比较大的正向促进作用。

第二节　中国出口信用保险对出口促进的区域差异：基于省际面板数据的分析

从国内外研究现状的对比来看，相对于国外文献采用不同的视角和研究方法，国内文献的研究全是采用时间序列进行分析。然而，中国的出口信用保险的发展，特别是中国出口信用保险公司成立以来，仅仅在一二十年的期间里，利用时间序列来研究存在样本数量偏小的问题；再者，中国幅员辽阔，以总体均值的资料无法反映地区在发展上的差异性。相对于应用时间序列研究时所受的限制，面板资料可有效地解决对小样本数据的估计与分析问题，能得出更加可信和稳定的结果。除此之外，利用面板数据模型可构造和检验比以往单独使用横截面数据或时间序列数据更为真实的行为方程，用以研究个体间的差异和时期间的差异，得出更加深入的分析结果。基于此，本书采用省际面板数据，对出口信用保险对出口贸易的促进作用进行实证研究①。

一、关于面板数据模型的说明

面板数据也称时间序列截面数据或混合数据，面板数据是同时在时间

---

① 贾广余. 我国出口信用保险对出口贸易促进的区域差异——基于中国省际面板数据的实证分析［J］. 中国市场，2012（10）.

和截面空间上取得的二维数据。从横截面上来看，面板数据是由若干个体在某一时刻构成的观测值；从纵向上来看，面板数据是一个时间序列。

面板数据模型的一般形式为：

$$y_{it} = \alpha_{it} + \sum_{k=1}^{K} \beta_{kit} x_{kit} + u_{it}$$

其中，i=1，2，…，N 表示 N 个个体；t=1，2，…，T 表示已知的 T 个时点；y_{it} 是被解释变量对个体 i 在 t 时的观测值；x_{kit} 是第 k 个解释变量对于个体在 t 时的观测值；β_{ki} 是待估计的参数；u_{it} 是随机误差项。

对该模型做各种限制性假设，使其成为不同类型的面板数据模型，结合实际需要，面板数据模型一般分为：

1. 混合模型

混合模型是指从时间上来看，不同个体之间不存在显著性差异；从截面上来看，不同截面之间也不存在显著性差异。对于该模型，就可以直接把面板数据混合在一起用普通最小二乘法（OLS）估计参数。混合回归模型假设解释变量对被解释变量的影响不随时间和个体的变化而变化。

2. 不变截距变斜率模型

当横截面的个体差异主要是依赖于解释变量的变化差异来体现时，即为不变截距变系数模型，其模型如下：

$$y_{it} = \alpha_1 + \beta_{it} X + u_{it}$$

3. 不变系数（斜率）固定效应模型

在考虑斜率不变和斜率变化下的变截距模型分类时，可分为固定效应模型和随机效应模型。在具体应用时，建立模型选择固定还是随机应依据 Hausman 检验来确定。我们仅以固定效应模型而言，根据截距变化的原因进一步划分为个体固定效应模型、时点固定效应模型和时点个体固定效应模型。这几种效应模型的设定检验均是通过利用无约束模型和有约束模型的回归残差平方和之比构造 F 统计量，以检验设定模型的合理性。

4. 变截距变系数模型

变截距变系数模型又可以分为确定系数模型和随机系数模型。

二、数据的选取

根据资料的可获得性和可操作性，本书选取了中国开设出口信用保险分支机构时间较长的 18 个省（市）历年出口总额和出口信用保险保费收入的数据进行研究，变量分别定义为 Export 和 Premium，数据来源于国家历年统计年鉴、各地区统计年鉴和历年中国保险年鉴。这 18 个省（市）分别为：东部地区的天津、辽宁、上海、江苏、浙江（不含宁波）、宁波、福建（不含厦门）、厦门、山东、广东（不含深圳）和深圳；中部地区的安徽、江西、河南和湖南；西部地区的重庆、云南和陕西。

三、实证检验

1. 面板资料数据的平稳性检验

在进行时间序列的分析时，为了避免伪回归问题，会通过单位根检验对数据平稳性进行判断。随着面板数据在经济领域应用的加大，对面板数据单位根的检验也渐引起重视。面板数据单位根检验主要有 Levin、Lin 和 Chu 方法（LLC 检验）（1992，1993，2002）、Im、Pesaran 和 Shin 方法（IPS 检验）（1995，1997）、Maddala 和 Wu 方法（MW 检验）（1999）、崔仁（In Choi）检验（2001），又称 Fisher-ADF 检验等。本书将以 LLC 及 Fisher ADF 方法进行检验。检验结果如表 4-8 所示，从表中可看出，各变量的原序列都为非平稳序列，进行一阶差分后均变为平稳序列，由于各变量均为一阶单整，因此我们可进行协整检验。

表 4-8　面板资料数据平稳性检验结果

变量名称	检验方法	原序列	一阶差分
Export	LLC	5.15856	−5.07339***
	ADF	5.07637	55.7164**
Premium	LLC	3.27801	−38.4984
	ADF	15.0034	53.1924**

注：**表示 5%显著性，***表示 1%显著性。

2. 协整检验

协整检验是考察变量间长期均衡关系的方法，其基本思想是：如果两个或两个以上的时间序列变量是非平稳的，但它们的某个线性组合却是平稳的，则这些变量之间存在长期稳定的均衡关系。

表 4-9　面板数据协整检验结果

协整变量	common AR coefs		individual AR coefs	
	Panel PP-Statistic	Panel ADF-Statistic	Group PP-Statistic	Group ADF-Statistic
Export、Premium	−3.107819 (0.0009)	−3.081468 (0.0010)	−2.692171 (0.0035)	−4.709859 (0.0000)

由表 4-9 可知，原假设为无协整关系，PP 和 ADF 检验统计量均表明应该拒绝原假设，即出口额和出口信用保险保费收入两个序列存在协整关系。

四、模型估计结果及分析

在确定模型时，我们采用 Hausman 检验作固定效应和随机效应模型的选择。结果见表 4-10，显示 Hausman 统计量的值是 75.44，伴随概率为 0，表明应拒绝随机效应模型，选择固定效应模型。

表 4-10　判定是使用固定模型还是随机模型的 Hausman 检验结果

检验对象	Hausman 检验
Export、Premium	75.444345（0.0000）

继而，我们根据有关计量统计方法，构造相应的 F 统计量，进而选择建立变截距的个体固定效应模型。运用 Eviews10.0 建立如下式的具体模型：

$$\text{Export}_{it} = 12.82631 + \alpha_i^* + 0.271368\text{Premium}_{it}$$

$$(8.050654)^{***} \qquad (55.90829)^{***}$$

$R^2 = 0.98$　　　　　D. W. $= 1.82$[①]

式中 α_i^* 表示 i 地区自发性出口信用保险对平均自发性出口信用保险（截距项）的偏离，反映了各地区的差异，其估计结果如表4-11所示。

表4-11　反映各地区出口信用保险差异的 α_i^* 估计值

地区 i	α_i^* 估计值	地区 i	α_i^* 估计值
天津	0.236473	广东	1.732565
辽宁	0.133140	深圳	1.547292
上海	1.532584	安徽	−0.938425
江苏	1.767683	江西	−1.081383
浙江	0.919479	河南	−0.925880
宁波	0.306801	湖南	−1.165650
福建	−0.898104	重庆	−1.529176
厦门	0.451470	云南	−1.536746
山东	0.865467	陕西	−1.417592

由个体固定效应模型的估计结果见表4-11，可以看出各地区的出口信用保险对出口的作用基础不同，即出口信用保险在各地区表现为一定的基础差异性。在此基础上，为进一步确定出口信用保险的区域差异性作用，我们建立出口信用保险的变系数模型，得结果如下：

$Export_{it} = 12.35023 + \beta_i Premium_{it}$

（45.05609）***

$R^2 = 0.98$　　　　　D. W. $= 1.7$[②]

式中 β_i 表示 i 地区出口信用保险对出口的作用系数，详见表4-12。

①② ***表示1%显著性。

表4-12　各地区出口信用保险对出口作用系数差异的 β_i 值及相应的 t 和 p 值

所属区域	地区 i	β_i	t 统计量	p 值
东部地区	天津	0.368670	9.101933	0.0000
	辽宁	0.351963	8.921720	0.0000
	上海	0.536269	13.63988	0.0000
	江苏	0.558153	14.78767	0.0000
	浙江	0.446010	12.10444	0.0000
	宁波	0.383484	9.125351	0.0000
	福建	0.208033	4.690598	0.0000
	厦门	0.406677	9.461189	0.0000
	山东	0.448680	11.52123	0.0000
	广东	0.547597	14.82658	0.0000
	深圳	0.527601	14.08477	0.0000
中部地区	安徽	0.198799	4.222636	0.0001
	江西	0.154113	2.623908	0.0106
	河南	0.195832	4.030142	0.0001
	湖南	0.155906	3.119980	0.0026
西部地区	重庆	0.094388	1.880590	0.0641
	云南	0.095238	1.954347	0.0546
	陕西	0.103419	1.968658	0.0529

　　由得出的结果和上表可以看出，中国各地区的出口信用保险保费收入与出口额均有正向关系，方程拟合非常好，系数估计值全部具有统计显著性。从作用系数来看，东部地区出口信用保险对出口的促进作用要明显强于中西部地区，而中部地区又略高于西部地区。此种结果说明，东部地区出口信用保险对出口具有较高的拉动作用，而中西部地区相对较小。从国外的经济发展来看，出口信用保险业与出口及经济增长呈密切的正相关，保险对出口的保障和促进作用非常明显，实证检验结果确实相符。

第三节　中国机电产品和高新技术产品出口状况与出口信用保险：基于行业数据的分析

通过出口信用保险的现状分析我们已经了解到，无论是出口额还是承保额，机电产品和高新技术产品所占比例都高达 60% 以上，尤其是 2010 年以前国家战略性的支持期间。因此，本节将通过贸易竞争力指数（Trade Competitiveness，TC）来具体分析机电和高新技术产品的出口竞争力状况，并找出这两类产品出口及竞争力状况与中国出口信用保险扶持的相关性。

一、贸易竞争指数

贸易竞争指数（Trade Competitive Index，TC 指数）也称为贸易专业化系数（Trade Specializa-tion Coefficient，TSC），表示一国进出口贸易的差额占进出口贸易总额的比重，主要从产品的进出口的数量来分析某类产品在国际市场上的表现。其公式为：

$$TC = \frac{V_e - V_i}{V_e + V_i}$$

其中，TC 表示产品贸易竞争力指数；V_e 表示某类产品的出口值；V_i 表示某类产品的进口值。通常，TC≥0.8，则该产品具有很强竞争力；若 0.5≤TC<0.8，则该产品具有较强竞争力；若 0≤TC<0.5，则具有略强竞争力；若 TC=0，则该产品具有一般竞争力；若-0.5≤TC<0，则该产品具有略低竞争力；-0.8<TC<-0.5 则具有较低竞争力；TC≤0.8，则具有很低的竞争力。[1]

根据表 4-13 可知，从 1990~2009 年，我国机电产品的 TC 指数大体呈上升趋势，表明中国机电产品的竞争力逐年增强。1990~1996 年呈现明显

---

① 张金昌. 国际竞争力评价的理论和方法 [M]. 北京：经济科学出版社，2002.

负数，当时机电产品具有低竞争力；1997~2001 年都接近于零，当时产品具有一般竞争力；然而从 2002~2009 年均为正数，且呈现明显的上升趋势，表明近几年机电产品具有略强竞争力，且竞争力逐渐增强。

中国高新技术产品的贸易竞争指数同样也是呈上升趋势，1991~1994 年几乎都低于-0.5，表明该产品具有较低竞争力；然而 1995~2001 年贸易竞争指数呈现明显的上升，从-0.37 上升到-0.16，出口竞争力显著增强；2002~2009 年 TC 指数都接近零，特别是 2004 年以后都大于零，说明中国高新技术产品具有一般竞争力，并逐渐转变为略强竞争力。

众所周知，中国出口信用保险公司于 2001 年 12 月正式成立，从 2002 年至今，对出口起着举足轻重的作用。从上面两段的分析可知，2002~2009 年无论机电产品还是高新技术产品，都具有略强竞争力或接近略强竞争力，并且在此期间贸易竞争指数增长迅速。这种现象与中国出口信用保险公司的成立仅是巧合，还是真的具有一定的相关性呢？

表 4-13　中国机电及高新技术产品贸易竞争力指数（TC 指数）

单位：亿美元

年份	机电产品			高新技术产品		
	出口	进口	贸易竞争指数	出口	进口	贸易竞争指数
1990	110.9	214.3	-0.32			
1991	141.2	250.5	-0.28	28.8	94.4	-0.53
1992	195.5	348.9	-0.28	40.0	107.1	-0.46
1993	227.1	494.6	-0.37	46.8	159.1	-0.55
1994	320.0	572.4	-0.28	63.4	206.0	-0.53
1995	438.6	591.8	-0.15	100.9	218.3	-0.37
1996	482.1	613.6	-0.12	126.6	224.7	-0.28
1997	593.2	593.3	0.00	163.1	238.9	-0.19
1998	665.4	638.7	0.02	202.5	292.0	-0.18
1999	769.7	776	-0.004	247.0	376	-0.21
2000	1053.1	1028.7	0.01	370.4	525.1	-0.17

年份	机电产品			高新技术产品		
	出口	进口	贸易竞争指数	出口	进口	贸易竞争指数
2001	1187.9	1205.2	-0.01	464.5	641.1	-0.16
2002	1570.8	1556	0.005	678.6	828.4	-0.10
2003	2274.6	2249.9	0.01	1103.2	1193.0	-0.04
2004	3234.0	3018.8	0.03	1657.1	1612.8	0.01
2005	4267.5	3503.8	0.1	2182.5	1977.1	0.05
2006	5494.3	4277.3	0.13	2814.5	2473.0	0.07
2007	7011.7	4989.5	0.17	3478.2	2869.8	0.096
2008	8229	5387	0.21	4156.1	3419.4	0.097
2009	7131.1	4914	0.18	3769.3	3098.5	0.098

资料来源：http://www.sts.org.cn，中国科技统计，统计信息；http://www.stats.gov.cn/tjgb/ndtjgb/qgndtjgb/index.htm，中华人民共和国国家统计局，全国年度统计公报。

二、相关性分析

从上面的数据分析可以看出，尤其是在中国出口信用保险公司成立以后，中国机电产品和高新技术产品的出口额及 TC 指数呈现明显上升趋势。下面我们将根据表4-14提供的中国目前的资料数据，利用计量经济学相关知识进行检验和论证。

表 4-14　1995～2009 年我国机电产品和高新技术产品的出口额、承保额及 TC 指数

单位：亿美元

年份	全国机电产品和高新技术产品出口额	同期全国机电产品和高新技术产品出口信用保险承保额	全国机电产品和高新技术产品的 TC 指数
1995	539.5	1.89	-0.20
1996	608.7	10	-0.16

年份	全国机电产品和高新技术产品出口额	同期全国机电产品和高新技术产品出口信用保险承保额	全国机电产品和高新技术产品的 TC 指数
1997	756.3	4.11	−0.05
1998	867.9	3.6	−0.03
1999	1016.7	3.11	−0.06
2000	1423.5	10.94	−0.04
2001	1652.4	7.2	−0.06
2002	2249.4	9.6	−0.03
2003	3377.8	27.1	−0.01
2004	4891.1	70.1	0.03
2005	6450	127.3	0.08
2006	8308.8	162.9	0.10
2007	10489.9	252.5	0.14
2008	12385.1	321.1	0.17
2009	10090.4	712.1	0.15

（一）两类产品出口信用保险承保额与出口额的相关性分析

我们用变量 JGX 表示中国机电产品和高新技术产品的出口额，用变量 JGAMOUNT 表示两种产品的出口信用保险承保额，变量均取自然对数。本书基于 1995~2009 年统计数据，采用协整分析方法，分析机电产品和高新技术产品出口信用保险承保额对这两类产品出口额的影响，研究它们两者之间的长期均衡关系，并在此基础上建立误差修正模型，研究两者之间的短期均衡关系。

1. 单位根检验

各变量单位根检验的结果如表 4-15 所示。

表4-15　各变量单位根检验的结果

变量名	ADF 检验值	检验类型 (c, t, n)	1%临界值	5%临界值	是否平稳
JGX	-0.729252	(1, 0, 0)	-4.004425	-3.098896	非平稳
JGAMOUNT	-0.190189	(1, 0, 0)	-4.004425	-3.098896	非平稳

注：(c, t, n) 中的 c 表示截距，t 表示时间趋势，n 表示滞后阶数。

各变量一阶差分后单位根验证的结果如表4-16所示。

表4-16　各变量一阶差分后单位根检验的结果

变量名	ADF 检验值	检验类型 (c, t, n)	1%临界值	5%临界值	是否平稳
ΔJGX	-0.892673	(1, 0, 0)	-4.057910	-3.119910	非平稳
ΔJGAMOUNT	-4.941071	(1, 0, 0)	-4.057910	-3.119910	平稳

注：(c, t, n) 中的 c 表示截距，t 表示时间趋势，n 表示滞后阶数。

通过一阶差分单位根验证发现，变量 ΔJGX 仍然是非平稳序列，我们再进行二阶差分检验，如表4-17所示。

表4-17　各变量二阶差分后单位根检验的结果

变量名	ADF 检验值	检验类型 (c, t, n)	1%临界值	5%临界值	是否平稳
Δ^2JGX	-2.828716	(0, 0, 0)	-2.771926	-1.974028	平稳
Δ^2JGAMOUNT	-7.406185	(0, 0, 0)	-2.771926	-1.974028	平稳

注：(c, t, n) 中的 c 表示截距，t 表示时间趋势，n 表示滞后阶数。

由表4-17可以看出，各个变量的二阶差分以后都能在1%的显著水平上通过 ADF 平稳性检验，说明各个变量是二阶单整的。依据协整理论，对于通过平稳性检验且为同阶单整序列来说，可以进行协整检验，分析它们之间的协整关系。

2. 协整检验

经过协整检验，应用最小二乘法回归，从而得到协整方程为：

$JGX(t)=6.047178+0.554203JGAMOUNT(t)+e(t)$

（33.53361）*** （11.52084）***

$R^2=0.91$ D.W.=1.3 ①

对得到的残差序列进行 ADF 检验如表 4-18 所示。

表 4-18 对协整方程残差检验的结果

变量名	ADF 检验值	检验类型 （c, t, n）	1%临界值	5%临界值	是否平稳
e_t	-2.377851	（0, 0, 0）	-2.740613	-1.968430	平稳

注：（c, t, n）中的 c 表示截距，t 表示时间趋势，n 表示滞后阶数。

由表 4-18 可以看出，残差序列的 ADF 检验的统计值 ADF=-2.377851 在 5%的显著性水平上是显著的，因此，我们可以认为机电产品和高新技术产品出口信用保险承保额 JGAMOUNT 和两种产品的出口额 JGX 之间存在长期协整关系。

3. 建立误差修正模型

我们用 ΔJGX 和 ΔJGAMOUNT 分别表示 JGX 和 JGAMOUNT 的差分序列，然后以 ΔJGX（t）作为被解释变量，以 ΔJGAMOUNT（t）和 e（t-1）作为解释变量，并在模型中引入 AR（1）、AR（2）和 AR（3）项，估计回归最终得到误差修正模型的估计结果为：

$ΔJGX(t)=0.217556+0.035991ΔJGAMOUNT(t)+0.365428e(t-1)+$

（13.17274）*** （1.066579） （3.178053）**

$[AR(1)=3.598812+AR(2)=0.019190+AR(3)=0.466760]+ε(t)$

（3.814970）** （0.042531） （1.400037）

---

① ***表示 α=0.01 的显著水平。

$R^2 = 0.80$　　　　　　D. W. $= 2.26$[①]

在上述误差修正模型中，误差调整系数 0.365428 表明当出口额偏离长期均衡值时，其向均衡值调整力度是 0.365428。

4. 实证结果分析

中国出口信用保险对机电产品和高新技术产品的出口进行了重点扶持，从实证检验结果来看，这两类产品的出口信用保险承保额与相应出口贸易额之间存在长期稳定的均衡关系，且承保额对出口额的弹性系数为 0.554203，相比全国数据层面上的承保额对出口额的弹性系数 0.44176，正效应更为明显，进一步说明了政策性出口信用保险能够促进出口的增长，且起到优化出口产品结构，有效促进技术进步、产业升级和国民经济持续健康发展的重要作用。

（二）两类产品出口信用保险承保额与产品竞争力的相关性分析

出口信用保险可以促进出口，这是在前面的理论和实证分析中得出的结论，那是否也可以提高出口产品竞争力呢？接下来，将同样采用上面一节的协整分析方法，实证检验机电和高新技术产品出口信用保险承保额的增长是否可以促进产品出口竞争力的提高。用变量 JGAMOUNT 表示两种产品的出口信用保险承保额，用变量 JGTC 表示中国机电产品和高新技术产品的 TC 指数，变量均取自然对数。基于表 4-14 中 1995~2009 年相关数据，研究它们两者之间的长期均衡关系，并在此基础上建立误差修正模型，研究两者之间的短期均衡关系。

1. 单位根检验

模型中各变量单位根检验的结果如表 4-19 所示。

表 4-19　各变量单位根检验的结果

变量名	ADF 检验值	检验类型 (c, t, n)	1%临界值	5%临界值	是否平稳
JGTC	−1.416675	(1, 0, 0)	−4.004425	−3.098896	非平稳
JGAMOUNT	−0.190189	(1, 0, 0)	−4.004425	−3.098896	非平稳

注：(c, t, n) 中的 c 表示截距，t 表示时间趋势，n 表示滞后阶数。

---

① ＊＊表示 α＝0.05 的显著水平，＊＊＊表示 α＝0.01 的显著水平。

各变量一阶差分后单位根验证的结果如表 4-20 所示。

表 4-20 各变量一阶差分后单位根检验的结果

变量名	ADF 检验值	检验类型 (c, t, n)	1%临界值	5%临界值	是否平稳
ΔJGTC	-2.275302	(0, 0, 0)	-2.754993	-1.970978	平稳
ΔJGAMOUNT	-4.941071	(1, 0, 0)	-4.057910	-3.119910	平稳

注：(c, t, n) 中的 c 表示截距，t 表示时间趋势，n 表示滞后阶数。

由表 4-20 可以看出，各个变量的一阶差分以后都能在 5%的显著水平上通过 ADF 平稳性检验，说明各个变量是一阶单整的。依据协整理论，对于通过平稳性检验且为同阶单整序列来说，可以进行协整检验，分析它们之间的协整关系。

2. 协整检验

经过协整检验，应用普通最小二乘法回归，从而得到协整方程为：

$$JGTC(t) = -0.164510 + 0.051227JGAMOUNT(t) + e(t)$$
$$(-6.634542)^{***} \qquad (7.744649)^{***}$$
$$R^2 = 0.82 \qquad D.W. = 1.2^{①}$$

对得到的残差序列进行 ADF 检验如表 4-21 所示。

表 4-21 对协整方程残差检验的结果

变量名	ADF 检验值	检验类型 (c, t, n)	1%临界值	5%临界值	是否平稳
e_t	-2.818128	(0, 0, 0)	-2.740613	-1.968430	平稳

注：(c, t, n) 中的 c 表示截距，t 表示时间趋势，n 表示滞后阶数。

由表 4-21 可以看出，残差序列的 ADF 检验的统计值 ADF=-2.818128 在 1%的显著性水平上是显著的，因此，我们可以认为机电产品和高新技术产品出口信用保险承保额 JGAMOUNT 和两种产品的出口竞争力 JGTC 之

---

① ＊＊＊表示 α=0.01 的显著水平。

间存在长期协整关系。

3. 建立误差修正模型

我们用 ΔJGTC 和 ΔJGAMOUNT 分别表示 JGTC 和 JGAMOUNT 的差分序列，然后以 ΔJGTC（t）作为被解释变量，以 ΔJGAMOUNT（t）和 e（t-1）作为解释变量，并在模型中引入 AR（3）项，修正模型的自相关，得到误差修正模型的估计结果为：

$$\Delta JGTC(t) = 0.015394 + 0.025498 \Delta JGAMOUNT(t) - 0.783167 e(t-1) +$$
$$(1.870732) \qquad (2.092298)^{*} \qquad\qquad (2.943663)^{**}$$

$$[AR(3) = -0.144536] + \varepsilon(t)$$
$$(-0.674131)$$
$$R^2 = 0.68 \qquad D.W. = 2.38①$$

在上述误差修正模型中，误差调整系数 -0.783167 表明当出口额偏离长期均衡值时，其向均衡值调整力度是 0.783167。

4. 实证结果分析

根据上面的分析可知，从长期来看，机电产品和高新技术产品的出口信用保险承保额与产品竞争力之间存在长期稳定的均衡关系，且承保额对竞争力指数的弹性系数为 0.051227。从短期来看，出口信用保险承保额对出口贸易额的弹性系数为 0.025498，低于长期弹性系数。误差修正系数为负数（-0.783167），符合相反修正机制，说明长期均衡趋势对产品竞争力的提高具有很强的调节作用。总之，实证分析表明这两类产品的承保额增长可以带动出口产品竞争力的提高，但弹性系数较低，推动作用有待进一步提高。

第四节　实证分析小结

本章主要是基于出口信用保险的全国数据、省际面板数据和行业数

---

① ＊表示 α=0.1 的显著水平，＊＊表示 α=0.05 的显著水平。

据，从出口信用保险承保额、对出口贸易总额的渗透率和保费收入等不同指标的角度，重点研究了出口信用保险对出口和产品出口竞争力的促进效果，通过实证分析可以看出我国的出口信用保险与出口贸易之间存在一个非常明显的正向促进作用，得出的主要结论如下：

第一，出口信用保险承保额的增长对中国出口贸易具有比较明显的正效应，它们之间存在长期稳定的均衡关系，并且从短期来看，长期均衡趋势对出口贸易额的增长具有较强的调节作用。因此，可以认为扩大中国出口信用保险的承保规模是促进出口贸易健康发展的重要手段和措施。

第二，相比出口信用保险额指标而言，出口信用保险渗透率对我国外贸出口的拉动效应更为明显。在当前世界经济增长放缓，国际需求减弱，出口价格难以提升的情况下，我们应当一马当先地通过发展出口信用保险扩大保险渗透率来有效促进出口贸易的进一步增长，这也正是党中央、国务院统揽全局，审时度势，果断出台的保持对外贸易稳定增长的政策措施及原因所在。

第三，根据面板数据的实证分析，中国出口信用保险的保费收入与出口额呈显著正相关。同时，出口信用保险在各地区表现出一定的基础差异性，更进一步地，中国各地区的出口信用保险的承保与相应地区出口额均有正向关系，但从作用系数来看，东部地区出口信用保险对出口的促进作用要明显强于中西部地区，而中部地区又略高于西部地区。

第四，中国出口信用保险对机电产品和高新技术产品的出口信用保险承保额与相应出口贸易额和产品竞争力之间存在长期稳定的均衡关系，且承保额对出口额的弹性系数明显高于全国数据层面上的承保额对出口额的弹性系数，促进作用更为明显，体现了中国信用保险公司对重点行业的支持力度和效果，说明政策性出口信用保险在促进出口增长的同时，还能起到优化出口产品结构，有效促进产业升级和国民经济持续健康发展的重要作用。

第五章
制约中国出口信用保险发展的
主要因素及政策建议

通过前面章节的理论和实证分析可以得知，作为国际通行的政策性金融工具，出口信用保险在国际贸易中已被各国普遍使用，而且中国出口信用保险公司也取得了长足进步，对促进中国对外经贸事业的发展发挥了积极作用。但是，目前中国出口信用保险体制仍存在一些问题，制约着中国出口信用保险的健康发展。本章将借鉴国际出口信用保险的成功经验，从政府、出口信用保险公司、出口企业三个不同的角度分析制约中国出口信用保险发展的主要因素，并结合前面章节的理论和实证分析，给出政策建议。

第一节　制约出口信用保险发展的主要因素

一、国家制度和政策方面存在的问题

（一）缺乏相应的法律保障和约束

出口信用保险是一种政策性保险，需要有强有力的法律保障。从国际经验来看，典型国家出口信用保险的发展和开办出口信用保险基本程序一

样，都是先专门立法，后成立出口信用保险机构，最后再办理相关业务；为确保出口信用保险的经营能在法律的框架里健康发展，首先要以法律的形式确定出口信用保险的性质、地位和作用及规范出口信用保险的运作。而目前中国在规范出口信用保险机构的业务经营方面还没有专门独立的法律，即使在专门规范国际贸易和保险的《对外贸易法》和《保险法》等相关法律中也没有针对出口信用保险的明确规定，这使出口信用保险机构的性质、权限、职责承担界定不清，在这种情况下就难以充分发挥出口信用保险的政策性作用。在缺乏严格意义上的法律保障和规范的情况下，出口信用保险易受到过多的行政干预，也会导致政策性出口信用保险与商业性保险之间的无序竞争，从而使政策性出口信用保险难以把握和实行适合自身特点的运作方式。

由于缺乏有力的法律保障，出口信用保险的经营主要依靠政府的行政规范、有关部门的管理规定及公司章程等，法律效力不高并且内部管理规定也容易存在较大的不稳定性，既不利于出口信用保险业务的开展，又影响了企业投保的积极性，无论是出口信用保险机构还是出口企业，在保险业务办理过程中都常常会有一种无所适从、无章可循的感觉，最终也会导致出口信用保险的功能作用也难以有效发挥。

(二) 风险准备金不足，网点少，制约承保规模的扩大

出口信用保险之所以能够成为支持出口发展的重要政策工具，关键是对风险补偿的根本作用，而充足的资金准备则是发挥补偿作用的基础。国际上信用保险准备金率通常认为 5% 为最低行业运行标准，反观我们国家，例如，2016 年出口信用保险承保金额 4731.2 亿美元，而出口信用保险风险准备金规模约为 75 亿美元，通过计算来看对应的保险风险准备金充足率还不到 2%。风险准备金的巨大缺口会严重限制对高风险国家和买家的承保能力，保险业务总体规模的进一步扩大受到严重限制，更无法顾及小微企业的投保需求，导致业务比例失衡。承保基数不强，资金力量有限，并且财政资金支持力度不足，阻碍了出口信用保险作用的发挥，制约了承保规模的扩大，也会影响经营效益。另外，截至目前，中国信保共有分公司 25 家，营业管理部 3 家，而海外机构只在伦敦设立了代表处。国内基本上

都是省级网点，并且尚未覆盖全国所有省份，地级市甚至县级市的网点就更为稀缺。这一点和法国出口信贷保险公司差距就很大，它不仅在国内有许多网点，而且还设有境外分支机构分布在 56 个国家。由于设置的网点少，业务办理不方便，出口企业投保意愿减弱，不利于我国出口信用保险规模的扩大。

（三）如何处理好政策性信用保险公司和商业性保险公司的关系

目前国内的短期出口信用保险业务从 2013 年开始向商业保险公司开放，人保等 4 家商业保险公司试点经营，积极开展业务。多主体同时经营业务，在部分地区，难免产生竞争，但问题是这种竞争能否给整个信用保险行业带来正向促进作用；如何最大程度上发挥各自的优势；政府应该如何统筹协调政策性和商业性保险公司之间的业务关系，才能使之运行最有经济效率；这些相关问题还是当前完善我国出口信用保险模式需要考虑的重要方面①。

（四）组织和监管体系不完善

作为政策性保险的一种，出口信用保险具有特殊性，各国政府都在不同程度上以各种形式进行参与及管理。加强对出口信用保险机构经营活动的监督和管理是完善政策性出口信用保险体系不可或缺的一部分。属于政府金融机构的出口信用保险机构，应当把政府宏观决策作为重要决策机制之一。

到目前为止中国信保还没有专门的主管部门，虽然接受银保监会的监管，但由于其业务的特殊性，出口信用保险公司的经营却不受银保监会直接干预。此外，由国家财政出资成立的中国信保，其营业收入和支出直接报财政部批准，在一定程度上财政部只是考核公司的盈亏情况，对于日常的经营管理也不负责监管。而国外的出口信用保险机构都有自己的上级主管部门，比如法国财政经济工业部直接管理政策性出口信用保险业务，并且政府还在 COFACE 董事会派驻了两名指定专员，对董事会的决议和总经

---

① 周玉坤．我国出口信用保险的发展进程［J］．保险研究，2019（1）．

理的任命具有否决权，能够较好地监管和执行政策性保险业务。中国应尽快参照建立主管出口信用保险的具有权威性的常设监管机构，建议的一种方式是以常设机构的形式成立部际委员会，成员由各个部委中负责贸易工作的部门负责人组成，其主要工作有三个方面：一是研究特定时期国家出口信用保险政策实施重点；二是审批出口信用保险机构的业务运作方案和工作计划，尤其是其资产规模、保险规模、负债规模、保险费率、政府补贴、保险国别政策和重大的经营决策；三是评估出口信用保险机构的业绩。

二、出口信用保险机构方面存在的问题

(一) 服务对象窄，业务品种少，且承保条件有限

由于国家财政支持的力度较弱，中国的出口信用保险对中小企业、民营企业和三资企业的出口支持不足，主要还是服务于大中型国有出口企业。承保偏重于短期险，而信贷和投资保证保险、项目融资保险、外汇汇率波动保险、海外投资保险等业务基本没有开展，这也在一定程度上影响了出口企业投保的积极性。

从总体上来看，中国对发展中国家的出口支持力度有限，承保条件门槛较高，出口信用保险的限额较低。近几年，尽管中国出口信用保险机构出版了国家风险报告，对风险控制也有所加强，但对于高风险市场的开发还是由于中国相对欠缺的承保经验和有限的风险控制能力而受到限制。

(二) 资信评估能力较低

国别风险评估和控制是出口信用保险的核心，因此，各国出口信用机构的工作重点也就是出口贸易的风险分析和控制。与出口信用保险费率厘定、承保规模大小和国家限额制定等关键技术环节与对国家风险的评价分析直接相关。健全的风险评估和控制机制需要建立在健全的信息网络之上。例如，法国的 COFACE 在全球范围内建立了包括 63 个国家的信息联盟和包括 37 个国家信用联盟，利用这两个联盟，COFACE 不但可以有效防范风险，而且可以在风险发生后，采取有力的追索和保全措施。目前，

COFACE 可提供世界 5500 万个企业的资信信息，分布在 155 个国家，使 COFACE 成为全球最大的企业信息服务商之一，为出口信用保险的管理和风险分析提供了重要依据。在我国，直到 2005 年，出口信用保险公司才针对国家风险评价发布了中国首份《国家风险分析报告》，截至 2018 年，中国出口信用保险拥有海内外信息渠道 155 个，还只能提供 1000 万个中外企业信息，在国际追偿的合作及信用体系的建立方面与国外相比差距较大。

（三）宣传力度小，宣传方式需完善，企业认知度不高

出口信用保险对出口企业的支持和风险保障，一直体现着政策性保险的功能和作用，并以提高企业的风险防范意识为目的，而广告促销方式多以新闻报道的方式来呈现。一般来说，宣传内容主要有以下三个方面：一是中国信保的业务在客户中的满意度；二是保险业务对于促进地方发展所做出的贡献；三是公司如何保护客户自身的切实利益等。重点通过一些案例进行报道，同时还涵盖了一些金融危机下没有加入出口信用保险的企业，所遭受到的损失，通过正反两方面的宣传，向人们关注的企业风控情况进行提示和警醒。这些内容出现在新闻性质的版块上，特别是在政府或相关的政策会议召开之后进行报道，在时间上往往是季度末或年度末，信息滞后，内容缺乏新意，不能够引起人们的高度关注。对大多数中小企业来说，在发展过程中，一方面，由于其视野和区域的局限性，而没有足够的信息渠道和平台去了解相应的内容；另一方面，对于国家有关的政策不了解、不掌握，更谈不上能很好地运用了，这就使整体上对中国出口信用保险公司及产品在社会上的认知度不高。

三、出口企业方面存在的问题

出口信用保险已成为出口货物的"安全带"，它在为企业提供收汇保障的同时还能为企业开拓海外市场、扩大出口提供服务。但在现实中，出口企业认同和推崇出口信用保险的程度却不像理想中的那样，出口信用保险对于国内的很多出口企业而言都不了解甚至不知道，即使是知道有出口

信用保险这种业务的企业，大多也只了解到出口信用保险的"保险"作用，认识肤浅，而没有真正认识到，作为一种政策性保险的出口信用保险能为企业扩大出口、防范风险、降低成本和提高竞争力等带来怎样的好处。这与国内企业普遍存在风险意识淡薄有直接关系，也有出口信用保险机构对于出口信用保险实施意义和所起到重要作用的宣传不力的原因。此外，中国出口企业的巨额海外坏账及出口信用保险承保比例与中国对外贸易规模形成了鲜明的反差，这也主要是由于很多出口企业不能有效预防、控制和管理风险，出险后又不能补救。总之，中国出口企业还没有充分重视和利用出口信用保险，在认识上存在着许多误区。

（一）主要误区之一：认为投保增加企业成本

很多企业对出口信用保险的理解还片面地集中在保费上，再加上现状是大多数企业的出口属于产品附加值低的劳动密集型商品，企业多是抱着侥幸心理，觉着能省一点算一点，担心投保出口信用险只会增加企业的成本，降低产品出口竞争力。事实上，制定出口信用保险的费率标准是非常严格的，且与风险是相关的。如果出口企业都选择整体投保，费率会相应降低，例如，企业所有出口额中有1亿元，而只投保风险特别大的100万元出口额，费率自然会高。况且，企业要有全盘的风险管理观念，既看到"减"法，又要考虑到"加"法，在利润中支出一些保费的同时，应看到投保之后原本不敢做的业务"加"了多少利润，给企业带来多少新的融资机会。有关测算数据显示，投保出口信用保险的企业支出少额的保费，可以增加80%的现金流，并且出险后可减少90%的损失。我们虽不能算出投保出口信用保险给出口企业具体增加了多少利润，但可以肯定的是，投保不会增加企业成本，其成本要远远低于投保带来的隐性收益。

（二）主要误区之二：信用证结算方式无风险，费用更划算

信用证结算方式万无一失是国内很多出口企业认为的，其实，采用信用证结算威胁出口企业的收汇安全的因素很多，包括开证行所在地区的政治经济状况，开证行本身的资信，特别是信用证里的"软条款"，同样存在着诸多风险。从出口贸易业务的角度分析，使用信用证结算出口企业面

临的风险主要有进口商伪造信用证或涂改信用证诈骗，如果出口企业未察觉，将导致货款两空的严重损失；进口商故意设障碍或不依合同开证买卖合同；信用证规定的要求与进口国家的有关部门规章不一致或与有关国家的法律规定不一致；信用证生效规定必须另行指示的情况；规定要求的内容已非信用证交易实质等。在费用方面，张建辉和李迎（2009）对出口信用保险和信用证产品进行详细的优势比较分析，认为与信用证相比，出口信用保险有以下四个特点或优势：一是整体费用水平与信用证相仿或更优；二是建立在双方长期合作的基础之上，出口信用保险能够提供全面的风险管理服务；三是出口信用保险的费率全面覆盖了出口信用保险公司提供的各项服务，无其他隐性费用，而且还按比例承担了海外追索过程中形成的各种费用；四是非证的结算方式不仅提高了进口商资金运用能力，通过短期出口信用保险项下的融资安排出口企业也同样可以获取融资便利。总之，通过改变信用证结算方式、投保出口信用保险，出口企业可以在成本不变甚至降低的情况下，不仅可以获得类似与信用证的风险保障和融资便利，更能简化手续、降低管理费用、提高市场竞争能力、提高收益水平，实现企业做大、做强的宏伟目标。

（三）其他误区

出口企业往往认为和一些长期合作的老客户和大国客户交易是没有风险的，所以去承保这样的出口信用保险就是不必要的。但信用再好的客户也有拖欠货款的可能，原因是多方面的，例如，因短期货物挤压而造成流动资金缺乏等，况且风险是不可预测的，一旦进口商的资金链条断裂，可能长期内无法好转，这种现象尤其是在金融危机中会经常发生，进口商面临破产的危险，而此时出口商就会面临货款无法收回的境遇。例如，2017年8~11月，大连市一家出口企业向其美国一老客户出口百叶窗组件，金额将近50万美元。谁知风险却在不期之中出现了：应付款日到了，买家却表示自身财务状况和资金流动情况不太好，要求延期付款。经海外调查发现，由于金融危机的负面影响，美国家具市场受到波及，那家美国公司的销路受阻，无法将货物销售给其下游买家，因此，造成其内部资金链的断裂，而无法支付大连出口企业相应的货款。此外，在发达国家贸易诈骗事件也屡有发生，很难说与大国进口商交易就是安全的，而且风险涉及方方面面的因素。所以，出口企业投保出口信用保险是很有必要的。

第二节　政策建议

虽然中国出口信用保险存在着以上诸多问题，但结合前面章节的理论和实证分析来看，仍具有很大的开拓空间。为了完善中国出口信用保险体系，以便更好地发挥出口信用保险的功能和作用，本章将从政府、出口信用保险公司及出口企业三个不同角度提出相应的政策建议。

一、对政府的政策建议

（一）加强法规建设，逐步完善出口信用保险制度

尽管中国的出口信用保险已有二十多年的发展历程，但到现在为止尚没有一部专门的法律来规范、调整贸易保险，更没有只针对出口信用保险的法律。《中华人民共和国对外贸易法》是目前国内唯一涉及出口信用保险的立法，也仅提到"国家通过进出口信贷、出口信用保险、出口退税及其他促进对外贸易的方式，发展对外贸易"。这远不能满足出口信用保险的特殊需要。建立和健全有关出口信用保险的法规，结合中国实际尽快出台《出口信用保险法》及其相关的法律法规，并与国际惯例接轨，促进出口信用保险走向法制化的轨道。通过法律形式规范出口信用保险的经营宗旨、经营原则、国家风险基金的设立和运作、各参与方的权利和义务等，明确各自职责，使出口信用保险业务的运作和经营管理得到可靠的法律保障。

（二）选择合适的出口信用保险模式

为改善出口信用保险机构经营效益不佳、发展动力缺乏和创新动力不

强的现状，中国应积极借鉴出口信用保险比较发达国家。例如，英国、法国、日本等的机构设置模式，制定政策性与商业性相结合的发展方针，根据出口信用保险的风险特征，划分为政策性险种和商业性险种，中国出口信用保险公司可独家经营政策性险种，商业性险种则允许有经营出口信用保险业务愿望的，包括国外保险商在内的多家保险公司进入。鉴于出口信用保险赔付率高、风险大等特点，商业性保险机构不愿经营，并且具有很强的政策指导功能，因此，需要有国家的支持。允许商业保险公司经营时间较短、风险较小的业务，对于时间较长、风险较大的由国家给予承保，既保证了国家对出口企业的政策支持，同时又减轻了国家的财政负担。根据国际经验，官方出口信用保险机构和商业保险公司之间的关系并非竞争关系，而是相辅相成的。

(三) 加大国家财政对出口信用保险的支持力度

在全球贸易竞争日益激烈的情况下，出口信用保险越来越多地受到各国政府的重视，并逐渐为出口企业所熟悉、接受和利用。但是由于正外部性的存在，出口信用保险经营遇到诸如投保率偏低、赔付率偏高、保险业务出现亏损等情形，首先，政府应在充分考虑出口规模、出口信用保险公司的经营状况和国家财力等因素的基础上适时增补出口信用保险基金，并建立增补机制。其次，为了更好激发出口企业的投保热情，政府可以适当进行保费补贴；针对出口信用保险公司适时进行业务费用补贴。最后，政府对出口信用保险进行税收优待。政府主要是对经营出口信用保险机构除了免征营业税之外，还应给予其他税收优惠待遇，在一段时期内适当减免经营保险机构的所得税和其他税种，同时对出口企业用于投保出口信用保险的部分从应缴纳的所得税中扣除。

(四) 实行必要的有区域、行业差别的出口信用保险政策

通过实证分析，中国出口信用保险公司在东、西、中部地区表现出区域性差异，东部沿海的江苏、浙江和广东等地都是我国传统出口大省，国家可针对当地特色优势产业，适当加大政策性出口信用保险资源投入，推动东部沿海地区经济转型升级，进一步促进东部沿海地区的经济贸易发

展。当然，出口信用保险发展离不开区域经济发展，同时还要考虑市场环境、制度环境和自然地理条件等影响因素，经济发展是深化和优化出口信用保险发展的基础，所以应调整和优化各省产业结构，推进生产要素自由流动，促进各省经济快速有效的增长，以缩小东中西部地区各省之间的经济差异，为出口信用保险发展创造良好的经济环境。同时，结合国家深入实施西部大开发战略，加快中国信保在西部地区服务网络建设，提升对西部企业的综合服务能力。积极发挥中国信保政策导向作用，服务共建"一带一路"、培育国际经济合作和竞争新优势，加快转变经济发展方式、调整优化经济结构，认真落实国家十大产业振兴规划及相关产业政策，采取积极的承保政策，重点支持机电、高新技术等行业发展，积极引导企业调整出口产品结构。

二、对出口信用保险公司的政策建议

（一）拓展服务范围，不断进行业务创新

配合国家的市场"多元化"和"走出去"战略，鼓励机电高新技术产品出口，满足出口企业的实际需要，出口信用保险公司应积极开发出口信用保险的新险种，不断进行业务创新，在承保一般的商品贸易保险的基础上，逐步发展服务贸易的其他方面，例如，海外投资、汇率波动及商务开拓保险等，加大开展中长期出口信用保险业务的力度。在长期险业务方面，我们可以借鉴法国经验，增加市场开拓保险，为企业开发新兴市场提供支持。为不断完善短期险的统保业务，在短期险业务方面，日本行业协会的先进经验值得我们借鉴，结合我国的实际情况，成立类似的行业组织。这种利用商业协会统保的好处在于不仅可以简化出口信用保险机构的承保手续，方便企业投保，还可以较为有效地避免逆向选择，稳定出口信用保险的业务来源。服务对象要多面向有外贸经营权的广大中小企业，在开拓发展中国家市场上它们更需要政策扶持。中小企业一般都是非国有企业，往往经营者通常就是所有者，出口商品的价款能否收回及能够收回多少会直接影响经营者的根本利益，对企业的生存和发展关系重大，所以，

广大中小企业对出口信用保险在客观上存在着的更为强烈的需求，并且这种潜在的保险业务总规模很大，尽管单个中小企业出口业务规模可能较小，但像中国这样的中小企业数量非常多。目前中国出口信用保险的风险比较集中，保险金额主要集中在少数出口规模较大的保险标的上，因此，大力开发中小企业客户，不仅有利于出口信用保险业务总量的大幅度增加，而且也有助于改善出口信用保险业务的结构。如果想吸引更多的出口企业购买出口信用保险，就需要不断进行业务创新，优化出口信用产品和服务，探索"互联网+信用保险"模式，简化理赔流程①。投保企业的增加会有助于保险规模的扩大，分散风险，同时保费收入会不断增加，赔付率也能相对下降，出口信用保险机构的经营才能形成良性循环的局面。

(二) 扩大出口信用保险机构的信息来源，建立科学的风险评估体系

对于出口信用保险机构来说，信息是至关重要的，科学的风险评估则是出口信用保险得以正常运作的基础。向投保人提供准确的信息咨询，科学的厘定保险费率和估测出口信用保险业务中的各种风险，都要取决于具备充足可靠的信息资料。尽管中国已成为伯尔尼协会正式会员，但是使用的国外买方客户的信用风险信息仍大多依赖于国外的合作伙伴和国际信用评估公司，在这种情况下进行风险评估既不利于向投保企业提供信息咨询，又不利于保险机构科学地评估风险，从而使出口信用保险机构效率低下，进一步会影响出口信用保险业的健康发展。所以，对于出口信用保险机构而言，应大力研究信息能力技术，扩大信息来源，减少主要依赖国外合作伙伴和国际资信评级公司进行买方风险评估的现状，建立完善的、符合中国国情的保险信息网络，逐步形成一套科学的信用风险评估与控制机制，具体措施可参照日本等发达国家的做法，与国外政府、企业进行交流，并通过从驻海外机构、国际金融组织、商会、协会等组织广泛搜集资讯，建立全球性信用联盟和信息联盟。

---

① 胡赛. 出口信用保险影响下的出口贸易高质量发展研究——以浙江省为例 [J]. 商业经济与管理, 2018 (12).

（三）扩大宣传力度，打造出口信用保险的品牌效应

出口信用保险机构需重视和加强业务的宣传和促销，与各主流媒体积极开展合作，提高广告投放力度。可以重点从四个方面着手进行品牌效应的打造：首先，在新闻报道层面，继续保持和强化出口信用保险在国家战略和相关重大事件方面重要作用的报道，体现其政策性优势和职能。其次，在新闻素材上注重选择正面和负面的典型案例，对企业和公众产生冲击性效果，帮助人们更深刻地认识到出口信用保险的重要性。再次，需要结合信保公司的特点，联合专业的策划团队，去制作一批能够很好展示信保业务和企业文化、树立良好的信保形象、又具有吸引力的广告产品，在针对性较强的媒介上加以反复播出，提高宣传的范围和效果。最后，在服务国家战略的同时，在国内的各行业之中，保持自身声誉，建立良好的企业形象，尤其对于一些具有行业特点的领军企业给予大力支持，从而提升业内的口碑，帮助信保公司进行业务推广，建立品牌。

在其他方面，中国出口信用保险公司还应进一步加强与银行的合作，强化信用保险项下的贸易融资便利，切实帮助出口企业解决实际困难；并且通过宣传纠正许多出口企业的认识误区，提高他们的风险意识。总之，为了中国对外贸易的健康发展，中国出口信用保险公司必须采取有效手段，充分发挥出口信用保险的优势和作用，为出口企业提供有力的风险保障，为构建和谐社会做出重要贡献。

三、对出口企业的政策建议

（一）出口企业应重视出口信用保险，并改变上面所涉及的认识误区

出口企业不要以为是信用证结算就认定无风险，不能因为眼前的成本收益核算就忽视出口信用风险，也不能因为是发达国家客户、大客户或老客户就认为是安全的。其实，出口企业应该都有风险意识，充分认识出口信用保险对保障收汇安全、增强企业竞争力的重要作用，在出口业务中任何一个出口企业都难免随时面临着不同程度的风险，作为化解风险和提高

企业自身市场竞争力的一个很好的途径就是投保出口信用保险；并且有了出口信用保险的风险保障，出口企业即使遇到收汇风险，也可以将损失降至最低，这样一来，就能够通过大胆经营来扩大出口业务，不必担心风险引发的资金周转困难甚至破产的危险。企业有必要建立一套完整的规章制度专门用于投保出口信用保险，按制度对信用度低的、出口规模大的或是不了解的客户进行保险，以避免只顾出口而不顾收汇的现象。对确定将要投保的出口业务，在具体操作层面上，为避免因未拿到信用限额而造成商机的延误，应事先做好各方面准备，提前向中国出口信用保险公司递交投保请求。

（二）出口信用风险管理意识应加强

为减少因授信不当而产生的信用风险和损失，出口企业应加强企业信用管理。具体而言，大公司有必要对出口信用风险进行全程管理和监控，可以成立专门的信用管理部门，而中小企业则可以由经理和财务共同负责风险。大公司里面的信用风险管理部门的主要职责应至少包括四个方面的内容：一是制定信用风险的管理制度，主要包括风险交易决策、客户资信调查分析和信用档案管理、成本管理、合同管理、信用付款方式及应收账款管理等制度的制定；二是掌控事前的信用，包括客户资信调查，信用限额授予等；三是管理事中的信用，包括调查和了解客户及相关中间机构的最新动态、对客户的货款进行跟踪管理等；四是控制事后的信用，主要是对于欠款的催收或进行委托催收、对客户资信的材料整理并归档等。之所以要这样做，其目的有二：第一，要尽可能控制企业的信用风险；第二，出口企业的风险状况能够被出口信用保险机构更好地了解，这有助于保险机构制定出科学合理的保险条款和费率，企业也就更容易地接受保险承保条件，形成良性循环。此外，为使本国企业更好地建立信用风险管理制度，必要时可以组织相关人员，对他国经验进行学习。总之，为了更好地利用出口信用保险为出口业务保驾护航，出口企业应主动增强风险意识，加强对信用风险的管理。

参考文献

［1］ Meon, P. -G. and K. Sekkat. Does the Quality of Institutions Limit the MENA's Integration in the World Economy? ［J］. The World Economy, 2004 (27): 1475-1498.

［2］ Eaton, J and Grossman, G. Tariffs As Insurance: Optimal Commercial Policy When Domestic Markets Are Incomplete ［J］. Canadian Journal of Economics, 2000 (18): 258-272.

［3］ Helpman, E. and Krugman, P. R. Trade Policy and Market Structure, Cambridge ［M］. Mass: MIT Press, 1989.

［4］ Abraham F. The Effects on Intra-Community Competition of Export Subsidies to Third Countries: The case of Export Credits, Export Insurance and Official Development Assistance ［M］. Document of the Commission of the European Communities, 1990.

［5］ Maria del Garmen Garcia-Alonso, Paul Lecine and Antonia Morga. Export Credit Guarantees, Moral Hazard and Exports Quality ［J］. Bulletin of Economic Reasearch, 2004, 56 (4): 311-327.

［6］ Bernard, A. and B. Jensen. Why Some Firms Export ［J］. The Review of Eco-nomics and Statistics, 2004, 86 (2): 561-569.

［7］ Auboin. M. Restoring Trade Finance: What the G20 Can Do. In R. Baldwin and S. J. Evenett (ed.) The Collapse of Global Trade, Murky Protectionism, and the Crisis: Recommen- dations for the G20 ［J］. London: Center for Economic Policy Research, 2009.

［8］ Jai S. Mah, Yunah Song. The Korean Export Insurance System ［J］. Journal of World Trade, 2001 (4): 603-614.

［9］ J. S. Mah and C. Milner. The Japanese Export Insurance Arrange－ments: Promotion or Subsidization?　［J］. The World Economy, 2005（28）: 231-241.

［10］ Koen J M, Veer V D. The Private Export Credit Insurance Effect on Trade［J］. Journal of Risk and Insurance, 2015, 82（3）: 601-624.

［11］ Hideki Funatsu. Export Crdit Isurance［J］. The Journal of Risk and Insurace, 1986（53）: 679-692.

［12］ Hideki Funatsu. Export Credit Insurance［J］. American Economic Review, 1992（70）.

［13］ Stephens, M. The Changing Role of Export Credit Agencies［M］. International Monetary Fund, 1999.

［14］ Louis Eeckhoudt, Henri Louberge. Export Credit Insurance Comment ［J］. The Journal of Risk and Insurace, 1988（55）: 742-747.

［15］ Hideki Funatsu. Export Crdit Isurance: Author's Reply［J］. The Journal of Risk and Insurace, 1988（57）: 748-750.

［16］ Jose A. Lopez, Marc R. Saidenberg. Evaluating Credit Risk Models ［J］. Jounal of Banking & Finance, 2000（24）: 151-165.

［17］ Filip Abraham, Gerda Dewit. Export Promotion Via Official Export Insurance［J］. Open Economics Review, 2000（11）: 5-26.

［18］ Arslan and S. Wijnbergen. Export Incentives, Exchange Rate Policy and Export Growth in Turkey［J］. Review of Economics and Statistics, 1993, LXXV: 128-133.

［19］ Faini. Export Supply, Capacity and Relative Prices［J］. Journal of Development Economics, 1994（45）: 81-100.

［20］ R. Barlow and F. Senses. The Turkish Export Boom: Just Reward or Just lucky?［J］. Journal of Development Economics, 1995（48）: 111-133.

［21］ Jai S. Mah. The Effect of Export Insurance Subsidy on Export Supply: The Experience of Japan［J］. Journal of Asian Economics, 2006（17）: 646-652.

［22］ Peter Egger and Thomas Url. Public Export Crdit Guarantees and Foreign Trade Structure: Evidence from Austria [J]. The World Economy, 2006 (29): 399-418.

[23] Christoph Moser, Thorsten Nestmann and Michael Wedow. Political Risk and Export Promotion: Evidence from Germany [J]. The World Economy, 2008 (31): 781-803.

[24] Auboin M, Engemann M. Testing the Trade Credit and Trade Link: Evidence From Data on Exporting Credit Insurance [J]. Review of World Economics, 2014, 150 (4): 715-743.

[25] Alsem, K. J., J. Antufjew, K. R. E. Huizingh, R. H. koning, E. Sterken and M. Woltil. Insurability of Export Credit Risks [R]. SOM Research Report, 2000.

[26] Alsem, K. J. Insurability of Export Credit Risks. The World Economy [J]. Blackwell Publishing, 2006 (31): 781-803.

[27] Robert C. Merton. On the Pricing of Corporate Debt: The Risk Structure of Interest Rates [J]. Journal of Finance, 1974 (29): 449-470.

[28] Gorton, Gary and Anthony M. Santomero. Market Discipline and Bank Subordinated Debt [J]. Journal of Money, Credit, and Banking, 1990 (22): 119-128.

[29] Flannery, Mark J. and Sorin M. Sorescu. Evidence of Bank Market Discipline in Subordinated Debenture Yields, Journal of Finance, 1996, LI (4): 1347-1377.

[30] Donald P. Morgan and Kevin J. Stiroh. Too Big to Fail after All These Years [J]. Federal Reserve Bank of New York Staff Reports, 2005: 220

[31] AR. Kerbasi, B. Hassani, B. Hassani Shirvanshahi. The Relationship between Exports and Credit Risk [M]. Economic Research Forum, 2005.

[32] Bruce Fitzgerald and Terry Monson. Preferential Credit and Insurance as Means to Promote Exports [J]. World Bank Research Observer, 1989 (4).

[33] Arvind Panagariya. Evaluating the case for export subsidies. Policy Research Working Paper Series from the World Bank. NO2276, 2000. 1.

[34] Ross. Sand. Hard. Analysis of the Pricipal - Agent Problem [M].

Econoetric, 1983.

［35］Mathieon D. J. Financial Reform and Stabilization Policy in a Developing Economy ［J］. Journal of Development Economics, 1980 (9): 359-395.

［36］Sebastiant. Schich. An Option-Pricing Approach to the Costs of Export Credit Insurance ［J］. The Geneva Papers on Risk and Insurance Theory, 1997 (22): 43-58.

［37］Heinz Rindler. The Multilateral Investment Guarantee Agency: Should Asitria Accede ［J］. Austrian Review of International and European Law, 1997 (2): 69-105.

［38］Schwerin. Final Communique of G8 Environment Ministers, 1999 (3): 26-28.

［39］The International Association of Credit and Investment Insuers. The Berne Union 1999 Book.

［40］Andy Riply. Forfaiting for Exporters. Practical Solutions for Global Trade Finance ［M］. Zuternational Thomsou Business Press, 1996.

［41］Roger Strange, Jim Slater. Trade and Investment in China-the European Experience, 1998.

［42］Bagciet al. Estimating the Economic Costs and Benefits of ECGD, 2003, NERA Economic Consulting, London.

［43］Egger, P. and M. Pfaffermayr. Estimating Long and Short Run Effects in Static Panel Models ［J］. Econometric Reviews, 2004 (23): 199-214.

［44］王术君. 出口信用论 ［M］. 北京: 经济科学出版社, 2006.

［45］中国出口信用保险公司企业标准—业务术语 ［M］. 北京: 中国金融出版社, 2005.

［46］李虹. 涉外保险 ［M］. 成都: 西南财经大学出版社, 2002.

［47］萧朝庆. 出口信用保险 ［M］. 北京: 中国商务出版社, 2004.

［48］刘玮, 马玉秀. 出口信用保险对我国出口贸易的空间效应分析——基于省际空间面板的实证检验 ［J］. 对外经济贸易大学学报, 2018 (4).

［49］蔡赟. 中国出口信用保险与企业出口竞争力 ［D］. 厦门大学硕士学位论文, 2007.

［50］李景辉. 出口信用保险经营模式及中国取向研究［D］. 天津财经大学硕士学位论文，2009.

［51］王德宝. 政策性出口信用保险功能的理论及实证研究—兼论中国政策性出口信用保险改革与发展［D］. 对外经济贸易大学博士学位论文，2017.

［52］王伟，郑斯文，杨子剑. 日本出口信用保险与 NEXI 最新发展［J］. 武汉金融，2016（3）.

［53］徐放鸣，魏志峰. 关于法国、意大利、韩国、香港等国家和地区出口信用保险体制的考察报告［J］. 财贸经济，1997（12）.

［54］罗寅善. 谈出口信用保险［J］. 国际经贸探索，1993（5）.

［55］陈璐. 关于建立政策性保险公司的探讨［J］. 山东金融，1999（2）.

［56］朱军. 印尼出口信用保险简介［J］. 上海保险，1994（3）.

［57］潘水根. 出口信用保险国际比较与我国的发展探讨［J］. 保险研究，1997（6）.

［58］金汇. 关于当前出口信用保险问题的调查报告［J］. 对外经贸财会，1999（8）.

［59］党升亮. 对我国出口信用保险体制有关问题的思考［J］. 商业研究，2000（8）.

［60］付京燕. 关于完善我国出口信用保险制度的思考［J］. 国际经贸探索，2000（4）.

［61］曾筱明. 浅谈出口信用保险对外贸出口的作用［J］. 对外经贸财会，2002（2）.

［62］苗永清. 出口信用保险在国际贸易中的作用［J］. 经济经纬，2004（3）.

［63］于平. 浅议出口信用保险的出口促进作用［J］. 市场现代化，2006（9）.

［64］王晨. 浅谈我国的出口信用保险的作用［J］. 中国对外贸易，2006（11）.

［65］朱晓垚. 企业投保出口信用保险净收益研究［J］. 当代经济，

2010（6）.

　　［66］李晓洁，魏巧琴.信用风险、出口信用保险和出口贸易关系的研究［J］.财经研究，2010（5）.

　　［67］王智慧.出口信用保险对我国出口贸易影响的实证分析［J］.海南金融，2010（10）.

　　［68］林斌.出口信用保险政策调整对我国外贸出口影响的动态分析［J］.世界经济研究，2013（8）.

　　［69］胡赛.出口信用保险影响下的出口贸易高质量发展研究——以浙江省为例［J］.商业经济与管理，2018（12）.

　　［70］刘骁，顾峰.WTO框架下我国出口信用保险问题与对策［J］.上海管理科学，2005（3）.

　　［71］谷祖沙.对我国出口信用保险的分析及发展思考［J］.商业研究，2005（5）.

　　［72］江丽娜.出口信用保险合同问题研究［D］.武汉大学博士学位论文，2009.

　　［73］范方志，孙丽军.出口信用保险及在我国的发展［J］.对外经济贸易大学学报，2003（6）.

　　［74］邱波.论我国现阶段出口信用保险的发展对策［J］.宁波大学学报，2004（1）.

　　［75］贾晶.对我国出口信用保险的经济学分析［J］.北方经济，2008（12）.

　　［76］卢艳秋，朱秀梅.借鉴国际经验发展我国出口信用保险的对策研究［J］.中国软科学，2003（4）.

　　［77］尹苑生，徐娟娟.出口信用保险问题研究——以法国为例［J］.金融与经济，2009（7）.

　　［78］谢利人，唐淑娥.出口信用保险的福利经济学研究［J］.保险研究，2007（1）.

　　［79］荆涛，耿宇亭.利用出口信用保险应对次贷危机对我国出口企业的影响［J］.国际贸易问题，2008（10）.

　　［80］李赛男.出口信用保险在中国应对金融危机中的作用及发展对策

研究［D］.吉林大学硕士学位论文，2010.

［81］杨晓明.论我国出口信用保险的经营机制创新——基于浙江省出口信用保险产品供求矛盾的分析［J］.开发研究，2009（2）.

［82］王智洁.出口信用保险承保比例与出口贸易产品质量关系的模型分析［J］.华东师范大学学报，2005（3）.

［83］杨栋，谢志斌.信息攫取与出口信用保险发展：以中国出口信用保险公司为例［J］.广东金融学院学报，2009（2）.

［84］发展出口信用保险研讨会综述［J］.金融发展研究，2009（8）.

［85］周玉坤.我国出口信用保险的发展进程［J］.保险研究，2019（1）.

［86］杨学进.出口信用保险国家风险评价：理论·方法·实证［M］.北京：经济科学出版社，2004.

［87］陈晓红，韩文强，佘坚.基于 VaR 模型的信用担保定价方法［J］.系统工程，2005（9）.

［88］张溪竹.日法出口信用保险制度比较研究［D］.哈尔滨工程大学硕士学位论文，2007.

［89］荣幸，张彤，杨成佳.境外出口信用保险理论与实践［J］.保险研究，2015（11）.

［90］闫奕荣.中国出口信用保险分析及国际比较［J］.国际贸易问题，2003（6）.

［91］夏孟余.出口信用保险的委托代理分析［D］.首都经济贸易大学硕士学位论文，2006.

［92］闵宗陶，闫奕荣.日本对外贸易保险分析及借鉴［J］.当代经济科学，2003（3）.

［93］曹琳.中国出口信用保险现状及其发展研究［D］.武汉大学硕士学位论文，2005.

［94］陈燕琼.论我国出口信用保险法律制度的完善［D］.暨南大学硕士学位论文，2006.

［95］杨学进.出口信用保险规范与运作［M］.北京：中央党校出版社，1995.

［96］李清明. 国际出口信用保险制度研究［D］. 对外经济贸易大学硕士学位论文，2004.

［97］陶瑜. 出口政策性金融措施的经济学分析［D］. 浙江大学硕士学位论文，2005.

［98］刘国华. 出口政策性金融体系的国际比较及中国的对策［D］. 湖南大学硕士学位论文，2003.

［99］白钦先，徐爱田，欧建雄. 各国进出口政策性金融体制比较［M］. 北京：中国金融出版社，2003.

［100］漆权. 战略性出口贸易政策：一种系统性理解［J］. 浙江社会科学，1999（1）.

［101］黄少安，郭艳茹. 对英国谷物法变革（1815~1846）的重新解释及对现实的启示［J］. 中国社会科学，2006（5）.

［102］贾广余. 我国出口信用保险的经济学分析［J］. 经济问题，2011（5）.

［103］位芳. 基于政治经济学分析的中国贸易适度保护政策研究［D］. 中南大学硕士学位论文，2006.

［104］姚丽伟. 战略性贸易政策理论研究［J］. 现代商贸工业，2009（17）.

［105］冯文丽. 中国农业保险制度变迁研究［D］. 厦门大学博士学位论文，2004.

［106］沈满洪，何灵巧. 外部性的分类及外部性理论的演化［J］. 浙江大学学报（人文社会科学版），2002（2）.

［107］王玉娟. 积极的出口信用保险策略——基于后危机时期稳定外需的探讨［J］. 财会研究，2010（5）.

［108］黄娟. 中国出口鼓励贸易政策的经济效率问题［J］. 财贸经济，2006（10）.

［109］贾广余. 基于出口信用保险机制的我国小微企业发展问题研究［J］. 财经理论与实践，2018（1）.

［110］彭美秀. 出口补贴福利效应分析［J］. 国际商务. 对外经济贸易大学学报，2005（10）.

［111］茅于轼. 茅于轼质疑出口退税政策的必要性 ［Z］. http：//www. unirule. org. cn/SecondWeb/Article. asp？ArticleID＝770，2000-08-18.

［112］王毅. 切实贯彻国家稳定外需政策 ［N］. 金融时报，2009-08-20.

［113］王毅. 发挥好出口信用保险稳定外需的作用 ［N］. 人民日报，2009-09-29.

［114］兰东娟，宋军刚. 后危机时代我国出口信用保险发展策略探析2 ［N］. 中国保险报，2010-04-14.

［115］侯伟鹏. 出口信用保险对我国出口贸易影响的实证分析 ［D］. 对外经济贸易大学硕士学位论文，2006.

［116］符冰洁. 发挥出口信用保险作用增强企业出口竞争力 ［J］. 经济视角（中国纳税人），2007（8）.

［117］江霞. 贸易政策与中国产业结构优化研究 ［D］. 山东大学博士学位论文，2010.

［118］高铁梅. 计量经济分析方法与建模：Eviews 应用及实例 ［M］. 北京：清华大学出版社，2006.

［119］何剑. 计量经济学实验和 Eviews 使用 ［M］. 北京：中国统计出版社，2010.

［120］庞浩. 计量经济学 ［M］. 北京：科学出版社，2006.

［121］张金昌. 国际竞争力评价的理论和方法 ［M］. 北京：经济科学出版社，2002.

［122］杨永刚，罗凡. 出口信用保险在推动我国重点行业出口中的政策性作用 ［J］. 金融理论与实践，2007（1）.

［123］高丽英. 我国出口信用保险问题研究 ［D］. 河北大学硕士学位论文，2008.

［124］张建辉，李迎. 信用证与信用保险产品的优势比较分析 ［J］. 现代商贸工业，2009（7）.

［125］王婧，王吉恒. 我国出口信用保险问题分析 ［J］. 哈尔滨商业大学学报（社科版），2009（6）.

［126］赵苑达. 我国出口退税政策的变动与出口信用保险的发展 ［J］. 东北财经大学学报，2004（2）.

［127］贾广余.我国出口信用保险对出口贸易促进的区域差异——基于中国省际面板数据的实证分析［J］.中国市场，2012（10）.

［128］王伟，王硕.中国出口信用保险制度变迁研究［J］.广东金融学院学报，2008（3）.

［129］周明祥.商业保险参与出口信用保险分析［J］.保险实践与探索，2009（2）.

［130］傅磊、顾奋玲.出口企业信用风险及其防范［J］.经济与管理研究，2007（4）.

［131］刘晴，贾伏生.浅析出口信用保险的中小企业参保率低的原因［J］.对外经贸实务，2008（11）.

［132］唐金成，刘昕晰，秦丽丽等.打破我国出口信用保险垄断模式的思考［J］.区域金融研究，2010（3）.

［133］陈卫.完善我国的出口信用保险的对策思考［J］.生产力研究，2009（12）.

［134］董志勇.论出口信用保险对贸易的护航作用和模式选择［J］.云南民族大学学报（哲学社会科学版），2007（2）.

［135］赵苑达.我国出口信用保险赔付率过高的原因与对策［J］.经济问题，2004（3）.

后 记

　　中国出口信用保险在30多年的探索和发展过程中，其经营管理及风险防范能力不断增强，在对外经贸和对外投资领域中持续发挥着重要的作用。随着国内外经济环境的变化调整，中国出口信用保险在发展过程中仍然面临着诸多困难和挑战，主要体现在：出口信用保险的政策性功能未能得到最为充分的发挥；政策性出口信用保险机构和商业性保险公司之间的协调合作关系的处理能力，以及客户服务水平、国际化合作和信息化建设都有待进一步提高和加强；等等。

　　关于中国出口信用保险问题的研究，本书主要考虑从两个方向深入开展：一是进一步运用现代经济学的相关理论与方法来构建更加完善的政策性出口信用保险的理论体系和分析框架，积极为中国出口信用保险改革发展和政策制定提供依据和参考；二是继续加强对中国出口信用保险发展的跟踪、统计与分析，并进行纵向和横向的比较，对已有经验数据优选计量模型进行检验和度量，强化对出口信用保险发展规律和功能作用的研究分析。

　　我在撰写本书过程中，阅读和参考了大量的相关文献资料，给了我很大的启发和帮助，在此向各位前辈和同行深表谢意！由于本人天赋、水平有限，书中难免有疏漏不当之处，恳请各位专家斧正！